Counterinsurgency

Aufstandsbekämpfung als Phase zur Überwindung schwacher Staatlichkeit und zur Etablierung des Aufbaus einer stabilen Nachkriegsordnung

Dirk Freudenberg

Counterinsurgency

Aufstandsbekämpfung als Phase zur Überwindung schwacher Staatlichkeit und zur Etablierung des Aufbaus einer stabilen Nachkriegsordnung

Dirk Freudenberg

2016

Carola Hartmann Miles-Verlag

CIP-Kurztitelaufnahme der Deutschen Nationalbibliothek:
Dirk Freudenberg, Counterinsurgency. Aufstandsbekämpfung als
Phase zur Überwindung schwacher Staatlichkeit und zur Etablierung
des Aufbaus einer stabilen Nachkriegsordnung, Berlin 2016.

ISBN 978-3-945861-24-0

© Carola Hartmann Miles-Verlag,
(www.miles-verlag.jimdo.com;
email: miles-verlag@t-online.de)
Herstellung: Books on Demand GmbH, Norderstedt

Titelbild: Autor

Alle Rechte, insbesondere das Recht der Vervielfältigung und
Verbreitung sowie der Übersetzung, vorbehalten. Kein Teil des Werkes darf in irgendeiner Form (durch Fotokopie, Mikrofilm oder ein
anderes Verfahren) ohne schriftliche Genehmigung des Verlages reproduziert oder unter Verwendung elektronischer Systeme gespeichert, verarbeitet, vervielfältigt oder verbreitet werden.

Printed in Germany

Inhalt

Vorbemerkung	7
Die Herausforderung moderner westlicher Staaten und Demokratien	15
Das Verständnis von „Rationalität" von Konflikten	17
Die „Leere des Gefechtsfeldes"	20
Die Ziele und Wirkmittel der Aufständischen	21
Erfolgsfaktoren Irregulärer Kräfte	22
Aufstandsbekämpfung – Counterinsurgency als Lösungsansatz	23
Klassische Ansätze der Aufstandsbekämpfung: Niccolò Machiavelli	24
Aktuelle Ansätze vor dem Hintergrund gegenwärtiger Einsätze	25
Der Begriff „Counterinsurgency"	29
Abgrenzung von anderen Begriffen und Konzeptionen	36
Entwicklung und Bedeutung der COIN-Konzeptionen	40
Die Mehrdeutigkeit des Begriffs „Aufstandsbekämpfung"	47
Die Bedeutung des „Kampfes" im Rahmen der Aufstandsbekämpfung	50
Betrachtungsperspektiven	53
Counterinsurgency und Kleinkriegsführung	54
Counterinsurgency und die autochthone(n) Bevölkerung(en)	65
COIN als umfassender Ansatz	69
Das Einwirken auf den Interessierten Dritten	73
Die eigene Rolle als Interessierter Dritter	75

US-amerikanische Leitlinie eines COIN-Ansatzes	77
Die Rolle von Spezial- und spezialisierten Kräften	80
Die aktuelle Bedeutung der Aufstandsbekämpfungskonzeptionen	81
Subsidiarität militärischen Handelns	86
Wissenschaftliche Kritik am COIN-Ansatz	91
Die Bedeutung von Reintegration im Kontext von COIN	98
Der Comprehensive Approach und COIN	99
Zusammenfassung und Schluss	101
Literatur- und Quellenverzeichnis	109

Vorbemerkung

Fragilen Staaten wurde bis zum 11. September 2001 außen- und sicherheitspolitisch aus Sicht der deutschen Politik eher ein Schattendasein zugesprochen. Sie galten vornehmlich als regionale Probleme, welche primär aus humanitären und entwicklungspolitischen Gründen zum Eingreifen zwangen.[1] Die Fragilität von Staaten wird heute oftmals an der Funktionalität der nationalen Regierungsorganisation gemessen.[2] Ein fragiler Staat kann seine Kernfunktionen nicht mehr hinreichend ausüben, insbesondere die Bereitstellung von Sicherheit und sozialen Basisdienstleistungen.[3] Fragile Staaten gelten heute als Ausgangspunkt vieler Gefahren auf der Sicherheitsagenda.[4] Auch die

---

[1] Guido Westerwelle, Vorwort, in: Josef Braml, Thomas Risse, Eberhard Sandschneider (Hrsg.), Einsatz für den Frieden. Sicherheit und Entwicklung in Räumen begrenzter Staatlichkeit. Jahrbuch Internationale Politik, Bd. 28, München 2010, S. 1 ff.; 1 Joachim Krause, Jannis Jost, Stabilisierungseinsatz zwischen außenpolitischem Risiko und strategischer Notwendigkeit, in: Robin Schroeder, Stefan Hansen (Hrsg.), Stabilisierungseinsätze als gesamtstaatliche Aufgabe. Erfahrungen und Lehren aus dem deutschen Afghanistaneinsatz zwischen Staatsaufbau und Aufstandsbewältigung (COIN), Baden-Baden 2015, S. 45 ff.

[2] Volker Halbauer, Der Comprehensive Approach – Teil der „Gene" des I. (Deutsch/Niederländischen) Korps, in: Robin Schroeder, Stefan Hansen (Hrsg.), Stabilisierungseinsätze als gesamtstaatliche Aufgabe. Erfahrungen und Lehren aus dem deutschen Afghanistaneinsatz zwischen Staatsaufbau und Aufstandsbewältigung (COIN), Baden-Baden 2015, S. 103 ff.; 104; vgl. Stefan Oswald, Christine Toetzke, „Counterinsurgency" (COIN) – Eine entwicklungspolitische Perspektive, in: Robin Schroeder, Stefan Hansen (Hrsg.), Stabilisierungseinsätze als gesamtstaatliche Aufgabe. Erfahrungen und Lehren aus dem deutschen Afghanistaneinsatz zwischen Staatsaufbau und Aufstandsbewältigung (COIN), Baden-Baden 2015, S. 189 ff. 189

[3] Stefan Oswald, Christine Toetzke, „Counterinsurgency" (COIN) – Eine entwicklungspolitische Perspektive, in: Robin Schroeder, Stefan Hansen (Hrsg.), Stabilisierungseinsätze als gesamtstaatliche Aufgabe. Erfahrungen und Lehren aus dem deutschen Afghanistaneinsatz zwischen Staatsaufbau und Aufstandsbewältigung (COIN), Baden-Baden 2015, S. 189 ff.; 189

[4] vgl. Dieter Lambach, Wer hat Angst vorm fragilen Staat? Und warum?, in: Thomas Jäger (Hrsg.) Handbuch Sicherheitsgefahren, Wiesbaden 2015, S. 435 ff.; 435; vgl. Joachim Krause, Jannis Jost, Stabilisierungseinsatz zwischen außenpolitischem

Organisation für wirtschaftliche Zusammenarbeit und Entwicklung (OECD) sieht heute in dem Phänomen eine gewaltige sicherheitspolitische Herausforderung.[5] In Abhängigkeit der zu Grunde gelegten (normativen) Kriterien, Indikatoren oder Daten, die genutzt werden, um die Qualität von Staaten zu bemessen, werden 40–60 Staaten weltweit als „schwach", „versagend" oder gescheitert" eingestuft.[6] Prekäre Staaten stellen nicht nur für ihre eigene Bevölkerung ein Problem dar, indem sie es nicht schaffen, das Gewaltmonopol zu kontrollieren und flächendeckend Sicherheit zu gewährleisten, sie verursachen auch ein über ihre Grenzen reichendes Sicherheitsproblem, wenn sie nicht verhindern können, dass Irreguläre Kräfte[7] ihr

---

Risiko und strategischer Notwendigkeit, in: Robin Schroeder, Stefan Hansen (Hrsg.), Stabilisierungseinsätze als gesamtstaatliche Aufgabe. Erfahrungen und Lehren aus dem deutschen Afghanistaneinsatz zwischen Staatsaufbau und Aufstandsbewältigung (COIN), Baden-Baden 2015, S. 45 ff.; 46; vgl. Wilfried Nachtwei, Selbstkritische Bilanz und dringende Lehren nach 13 Jahren deutschen Afghanistaneinsatzes, in: Robin Schroeder, Stefan Hansen (Hrsg.), Stabilisierungseinsätze als gesamtstaatliche Aufgabe. Erfahrungen und Lehren aus dem deutschen Afghanistaneinsatz zwischen Staatsaufbau und Aufstandsbewältigung (COIN), Baden-Baden 2015, S. 401 ff.; 407

[5] vgl. Angel Gurria, Foreword, in: OECD (Hrsg), Supporting Statebuilding in Situations of Conflict and Fragility, o.OA. 2011, S. 3; vgl. Wolf Plesmann, Deutsche Entwicklungszusammenarbeit in Afghanistan – Ein Beitrag zur Stabilisierung?, in: Robin Schroeder, Stefan Hansen (Hrsg.), Stabilisierungseinsätze als gesamtstaatliche Aufgabe. Erfahrungen und Lehren aus dem deutschen Afghanistaneinsatz zwischen Staatsaufbau und Aufstandsbewältigung (COIN), Baden-Baden 2015, S. 271 ff.; 271 f.

[6] Josef Braml, Thomas Risse, Eberhard Sandschneider, Einleitung: staatliche und supranationale Akteure in Räumen begrenzter Staatlichkeit, in: Josef Braml, Thomas Risse, Eberhard Sandschneider (Hrsg.), Einsatz für den Frieden. Sicherheit und Entwicklung in Räumen begrenzter Staatlichkeit. Jahrbuch Internationale Politik, Bd. 28, München, 2010, S. 3 ff.; 3; vgl. Ulrich Schneckener, Internationales Statebuilding: Dilemmata und Herausforderungen für „externe" Akteure, in: Josef Braml, Thomas Risse, Eberhard Sandschneider (Hrsg.), Einsatz für den Frieden. Sicherheit und Entwicklung in Räumen begrenzter Staatlichkeit. Jahrbuch Internationale Politik, Bd. 28, München, 2010, S. 79 ff.; 79

[7] Dirk Freudenberg, Theorie des Irregulären. Partisanen, Guerillas und Terroristen im modernen Kleinkrieg, Wiesbaden 2008

Territorium benutzen, im Angriffe auf andere Staaten zu planen.[8] Schwache Staatlichkeit bzw. der Zerfall staatlicher Ordnung kann durchaus Ursache für regionale Destabilität, globale Gefährdungen[9] und auch wiederum Gefährdung der eigenen nationalen Sicherheit sein.[10] Dementsprechend entstehen heute Risiken und Bedrohungen auch aus zerfallenen und zerfallenden Staaten.[11] Diese Risiken und Bedrohungen werden für das 21. Jahrhundert als bestimmend angese-

---

[8] Monika Heupel, Prekäre Staaten als Gefahrenherde: Terrorismus und Verbreitung von Massenvernichtungswaffen, in: Josef Braml, Thomas Risse, Eberhard Sandschneider (Hrsg.), Einsatz für den Frieden. Sicherheit und Entwicklung in Räumen begrenzter Staatlichkeit. Jahrbuch Internationale Politik, Bd. 28, München, 2010, S. 64 ff.; 64

[9] Dirk Freudenberg, Counterinsurgency als Phase zur Überwindung schwacher Staatlichkeit und zur Etablierung einer stabilen Nachkriegsordnung, in: Martin H.W. Möllers, Robert Chr. van Ooyen (Hrsg.), Jahrbuch Öffentliche Sicherheit 2012/2013, Frankfurt 2013, S. 285 ff., 285; vgl. Stephan Klingebiel, Konfliktbewältigung und Umgang mit fragilen Staaten, in: APUZ 37/2013, S. 23 ff.; vgl. Monika Heupel, Prekäre Staaten als Gefahrenherde: Terrorismus und Verbreitung von Massenvernichtungswaffen, in: Josef Braml, Thomas Risse, Eberhard Sandschneider (Hrsg.), Einsatz für den Frieden. Sicherheit und Entwicklung in Räumen begrenzter Staatlichkeit. Jahrbuch Internationale Politik, Bd. 28, München, 2010, S. 64 ff.; vgl. Dirk Freudenberg, Das COMISAF Advisory and Assistance Team (CAAT) als strategisches Instrument im Counterinsurgency-Einsatz in Afghanistan, in: Robin Schroeder, Stefan Hansen (Hrsg.), Stabilisierungseinsätze als gesamtstaatliche Aufgabe. Erfahrungen und Lehren aus dem deutschen Afghanistaneinsatz zwischen Staatsaufbau und Aufstandsbewältigung (COIN), Baden-Baden 2015, S. 369 ff.; 369

[10] Guido Westerwelle, Vorwort, in: Josef Braml, Thomas Risse, Eberhard Sandschneider (Hrsg.), Einsatz für den Frieden. Sicherheit und Entwicklung in Räumen begrenzter Staatlichkeit. Jahrbuch Internationale Politik, Bd. 28, München 2010, S. 1 ff.; 1

[11] Bundesministerium der Verteidigung – Der Bundesminister (Hrsg.), Verteidigungspolitische Richtlinien, Berlin 27. Mai 2011, S. 1; vgl. Auswärtiges Amt, Bundesministerium der Verteidigung, Bundesministerium für Wirtschaftliche Zusammenarbeit und Entwicklung, Für eine kohärente Politik der Bundesregierung gegenüber fragilen Staaten – Ressortübergreifende Leitlinien – o.OA., August 2012; http://www.bmz.de/de/zentrales_downloadarchiv/Presse/leitlinien_fragile_staaten.pdf; Internet vom 29.02.2013; Guido Westerwelle, Vorwort, in: Josef Braml, Thomas Risse, Eberhard Sandschneider (Hrsg.), Einsatz für den Frieden. Sicherheit und Entwicklung in Räumen begrenzter Staatlichkeit. Jahrbuch Internationale Politik, Bd. 28, München 2010, S. 1 ff.; 1

hen.¹² Die Versuche, westliche Demokratievorstellungen und Staatlichkeit eins zu eins in prekäre, fragile oder Post-Konflikt-Staaten zu übertragen, werden inzwischen vor dem Hintergrund der Erfahrungen auf dem Balkan, im Irak und in Afghanistan als illusionär und damit im Ergebnis als gescheitert bewertet.¹³ Allerdings ist das Phänomen fragiler Staatlichkeit historisch betrachtet zugleich ein ständiger Begleiter von Staatsbildungsprozessen.¹⁴ Auf der Ebene der etablierten Staaten und der internationalen Staatenordnung kommen die subjektiven sicherheitspolitischen Faktoren zum Tragen, erzeugen Reaktions- und Handlungsimpulse und stoßen ihrerseits politische Prozesse und Dynamiken an, um das Gesamtsystem – wenn auch nicht wieder in den statischen Zustand des status quo ante – so doch zukünftig zumindest in eine akzeptable, stabile Ordnung zu bringen, von der keine weiteren Gefährdungen mehr ausgehen. Es besteht daher eine gewisse Unsicherheit über zukünftige Entwicklungen dieser Staaten und die unmittelbaren Auswirkungen auf Regionen und Räume wie auch die mittelbaren Effekte auf die internationale Ordnung sowie gegebenenfalls auch auf die Interdependenzen zu einzelnen Staaten und deren inneren Verfasstheit. Zugleich ist aber gewiss, dass entstehende Vakua gefüllt werden. Fraglich ist nur durch wen und was, und wie die Interaktion sich mit diesen Mächten und Akteuren gestalten lässt. Damit verbunden ist zugleich die Frage, was den Bedeutungszusammenhang des Einsatzes gewaltsamer Mittel in kon-

---

¹² vgl. Joint Chiefs of Staff, Joint Publication 3-24, Counterinsurgency Operations, 05. October 2009, S. ix
¹³ Thomas Risse, Begrenzte Staatlichkeit und neue Governance-Strukturen, in: Josef Braml, Thomas Risse, Eberhard Sandschneider (Hrsg.), Einsatz für den Frieden. Sicherheit und Entwicklung in Räumen begrenzter Staatlichkeit. Jahrbuch Internationale Politik, Bd. 28, München, 2010, S. 23 ff.; 23; *Dabei muss allerdings festgestellt werden, dass im Falle Afghanistans weder das OEF (Operation Enduring Freedom), noch dass ISAF (International Security Assistance Force) Mandat dafür vorgesehen war, gegen eine landesweite Aufstandsbekämpfung vorzugehen.* (Robin Schröder, Das entscheidende Jahr in Afghanistan – Zeigt die Counterinsurgency Strategie der ISAF Wirkung?, in: ISPK [Hrsg.], Jahrbuch Terrorismus 2010, Opladen, Berlin, Toronto 2011, S. 240 ff.; 241)
¹⁴ Ulrich Schneckener, Frieden und fragile Staatlichkeit, in: Hans J. Gießmann, Bernhard Rinke (Hrsg.), Handbuch Frieden, Wiesbaden 2011, S. 575 ff.; 575

flikthaften Auseinandersetzungen ausmacht. Zugleich ist damit der Umstand verbunden, dass „Krieg" heute von den „zivilisierten Gesellschaften" als ein Ausnahmezustand, gar ein pathologischer Zustand angesehen wird, der studiert werden muss, um ihn zu verhindern; wenngleich er doch durch die Geschichte der Menschheit hindurch als etwas völlig Normales angesehen wurde.[15] Dieses Grundproblem wissenschaftlicher und gesellschaftlicher Auseinandersetzung mit dem Phänomen Krieg negiert, dass andere Gesellschaften und Akteure hierzu unter Umständen ganz andere Standpunkte vertreten und leben, in denen dieses Phänomen geradezu eine positive und konstruktive Konnotation hat und in der die konflikthafte Auseinandersetzung um Macht und Ressourcen und der entsprechende Mitteleinsatz eben nicht prinzipiell negativ belegt ist und insofern auch nicht einer grundsätzlichen, entschuldigenden Rechtfertigung bedarf. An dieser Stelle kommt auch der Gewaltsamkeit der Akteure untereinander eine besondere Bedeutung zu. Der Krieg ist Inbegriff der Gewaltsamkeit aufgrund seines Zerstörungspotentials von Menschen und Material, aber auch insbesondere von gesellschaftlichen Strukturen, und eröffnet zugleich neue Räume zur Errichtung politischer Ordnung.[16] Hier greifen die Sprachbilder Heraklits, dass Alles im Fluss[17] ist und dass der Krieg „aller Dinge Vater"[18] ist und damit nicht

---

[15] Michael Howard, Foreword, in: Julian Lindley-French, Yves Boyer (Hrsg.), The Oxford Handbook of War, Oxford 2014, S. vii f.; vii

[16] Marcus Llanque, Politische Ideengeschichte. Ein Gewebe politischer Diskurse, München, Wien 2008, S. 303

[17] Heraklit, Fragmente, 14. Aufl., Zürich, München 2007, S. 39; *Der Gedanke findet sich in anderer Form noch einmal an anderer Stelle: „Steigen wir hinein in die gleichen Ströme, fließt andres und andres Wasser herzu."* (Heraklit, Fragmente, 14. Aufl., Zürich, München 2007, S. 9); *Ries sieht in dieser Stelle die ursprüngliche Flussformel Heraklits.* (Wiebrecht Ries, Die Philosophie der Antike, Darmstadt 2005, S. 34); *Einen im Ergebnis konträren Standpunkt zu Heraklits Postulat nimmt unter anderem Debiel ein, der Krieg als „… ein eklatantes Entwicklungshemmnis …" charakterisiert.* (Tobias Debiel, Kosten des Krieges, Chancen des Wiederaufbaus – Überlegungen zum Nutzen der Friedenskonsolidierung, in: Herfried Münkler, Karsten Malowitz [Hrsg.], Humanitäre Intervention. Ein Instrument außenpolitischer Konfliktbearbeitung. Grundlagen und Diskussion, Wiesbaden 2008, S. 243 ff; 243)

[18] Heraklit, Fragmente, 14. Aufl., Zürich, München 2007, S. 19

nur die Entzweiung des Lebens, sondern ein universaler Grundzug des Ineinander-Verflochtenseins aller Lebensmächte.[19] Hier kommt vor allem zum Ausdruck, dass der Krieg die Verhältnisse positiv oder negativ verändert.[20] Die Verknüpfung von Heraklits Lehre, welche in der einzig verbleibenden Gewissheit des ewigen Wandels gipfelt[21], mit der Erkenntnis, dass in der Katastrophe zugleich der Keim des grundlegend Neuen angelegt ist, bedeutet die Chance zu tiefgreifenden, wirklichen Veränderungen bestehender Verhältnisse. Damit sind Zeiten des Krieges immer auch Zeiten der Innovation – technologisch wie auch gesellschaftlich. Doch diese Phase ist gleichzeitig durch Ungewissheit und Unwägbarkeiten hinsichtlich Richtung und Ergebnissen der zu erwartenden Entwicklungen geprägt und führt zu Verwerfungen und Verschiebungen, was durchaus Verluste und Einbußen bedeuten kann. Demzufolge geht es hier um das Ringen um den Bestand oder die Wiederherstellung einer bestehenden, alten Ordnung oder die Errichtung einer veränderten, neuen Ordnung, in welcher jeweils die alten oder die neuen Eliten und Protagonisten ihre Ordnungsvorstellungen und Interessen einbringen und durchsetzen. Aus diesen Gründen besteht in der globalisierten Welt das Interesse der Staatengemeinschaft, staatsfreie Räume nicht einfach hinzunehmen[22] und die entstehenden Macht-Vakua zu füllen. Doch durch das Eingreifen in dynamische Abläufe, mit dem Ziel, Veränderungen an- oder aufzuhalten, um Stabilität zu erzeugen, werden wiederum Prozesse in Gang gesetzt, deren Dynamiken unter Umständen nicht vorhersehbar sind. Und so hatte bereits der chinesische Militärstratege Sun Tsu auf die Kontinuität von Veränderungen verwiesen: „Und wie Wasser keine unveränderliche Form kennt, gibt es im Krieg keine unveränderli-

---

[19] Wiebrecht Ries, Die Philosophie der Antike, Darmstadt 2005, S. 31
[20] Klaus Köhle, Problemkreis: Krieg und Frieden, München 1972, S. 36
[21] Bernd Guggenberger, „Verflüssigung" der Politik – was dann?, in: APUZ 38 – 39/2012, S. 10 ff.; 10
[22] Guido Westerwelle, Vorwort, in: Josef Braml, Thomas Risse, Eberhard Sandschneider (Hrsg.), Einsatz für den Frieden. Sicherheit und Entwicklung in Räumen begrenzter Staatlichkeit. Jahrbuch Internationale Politik, Bd. 28, München, 2010, S. 1 ff.; 1

chen Bedingungen."[23] Dementsprechend kommt sowohl in der klassischen abendländischen Philosophie, wie auch in der ostasiatischen die Doppelbedeutung des Krisenbegriffs, nämlich das jedes Risiko zugleich auch eine Chance beinhaltet, zum Ausdruck. Diesbezüglich hat sich auch in der modernen Neuzeit nichts geändert. Es stehen sich also die Interessen zur Veränderung denjenigen für Stabilität gegenüber. Dynamik und Statik ringen um die Bedingungen von Stabilität. Es geht allerdings in diesem Ringen insbesondere um die jeweiligen Bedingungen, zu welchen der jeweilige Zustand errungen werden soll. Und es geht wiederum um Perspektiven von Macht und Interesse. Insofern können sich die Bedingungen bzw. die Positionen und Standpunkte umkehren. Daher ist im Zusammenhang von Staatszerfall und fragiler Staatlichkeit zunehmend von einer sicherheitspolitischen Herausforderung die Rede.[24] Und zwar sehen sich insbesondere die Staaten in der mehr oder weniger entfernten Peripherie tangiert, welche – nicht zuletzt aus Gründen des Selbsterhalts oder der eigenen geopolitischen Dominanz – an der Stabilität der betroffenen Region und damit zugleich des Staatengefüges insgesamt interessiert sind. Die Globalisierung ist durchaus von derartigen Verlustängsten geprägt. Zu den Folgen der Globalisierung gehören auch Machtverschiebungen zwischen Staaten und Staatengruppen sowie der Aufstieg neuer Regionalmächte.[25] Diese Entwicklungen bergen vor allem Unsicherheiten und Unwägbarkeiten, da sie gewohnte Stabilitäten und Sicherheiten zumindest in Frage stellen. Dementsprechend liegen die Herausforderungen nicht in der Stärke von Staaten, sondern in deren Schwäche.[26]

---

[23] James Clavell, (Hrsg.), Sunzi, Die Kunst des Krieges, München 1989, S. 63
[24] vgl. Hans-Georg Erhard, Roland Kaestner, Aufstandsbekämpfung + Staatsaufbau = Stabilisierung?, in: S+F 2010, Heft 4, S. 195 ff.; 195 f.; vgl. Hans-Georg Erhart, Roland Kaestner, Aufstandsbekämpfung: Konzept für deutsche Sicherheitspolitik? Lehren aus Afghanistan, in: Hamburger Informationen zur Friedensforschung und Sicherheitspolitik 2010, Heft 48, S. 3; vgl. Francis Fukuyama, Staaten bauen. Die neue Herausforderung internationaler Politik, Berlin 2004, S. 7
[25] Bundesministerium der Verteidigung – Der Bundesminster (Hrsg.), Verteidigungspolitische Richtlinien, Berlin 27. Mai 2011, S. 1
[26] Bundesministerium der Verteidigung – Der Bundesminster (Hrsg.), Verteidigungspolitische Richtlinien, Berlin 27. Mai 2011, S. 2

Dem gilt es sich – nach Möglichkeit frühzeitig – entgegenzustellen. Es geht also oftmals um einen Staatsaufbau mit dem Ziel, legitime staatliche Strukturen zu stärken, bzw. wieder herzustellen.[27] Dazu wird internationale Unterstützung, die im Kontext eines gewaltsamen Konflikts gewährt wird, Teil dieses Kontextes und damit auch des Konflikts als solchem.[28] Sodann sehen sich Staaten und ihre Akteure, welche zunächst im Rahmen einer internationalen Unterstützung angetreten sind, rasch konfrontativen Situationen und weiteren schwierigen Herausforderungen ausgesetzt. Der Krieg als „letzte Instanz der Außenpolitik"[29] ist unter diesen Rahmenbedingungen wieder in das aktive Instrumentarium staatlicher (Außen-)Politik zurückgekehrt. Dementsprechend gewinnen heute wieder Konzepte der Aufstandsbekämpfung durch die „Entwicklung des transnationalen Terrorismus und durch die Einsätze westlicher Truppen in komplexen, asymmetrischen Konfliktszenarien längst wieder an Bedeutung.[30] Irreguläre Kriegführung und nichtstaatliche Akteure, welche diese wagen, sind schwierige Herausforderungen für konventionelle westliche Mächte.[31] Gleichwohl scheint sich die Erkenntnis durchzusetzen, dass Counterinsurgency nur erfolgreich sein kann, wenn ganz unterschiedliche Akteure zusammenwirken.[32] Das trifft gegebenenfalls – und das dürf-

---

[27] Inspekteur des Heeres, Handlungsempfehlungen zur Aufstandsbewältigung. Handreichung für Truppenführer, Strausberg, 18. März 2013, vor S. 1
[28] Mary B. Anderson, Do No Harm. How Aid can support Peace – or War, London 1999, S. 1; vgl. ISPK (Hrsg.), Studie Counterinsurgency. Erfahrungen, Strategien und Aussichten unter besonderer Berücksichtigung des ressortübergreifenden Ansatzes. Abschlussbericht, Kiel 30. Januar 2013, S. 18
[29] Hannah Arendt, Macht und Gewalt, 18. Aufl., München 2008, S. 7
[30] vgl. Stephanie Rübenach, Counterinsurgency – eine asymmetrische Form des Krieges? Zur wissenschaftlichen Verortung des Gegenstands, in: Martin Sebaldt, Alexander Straßner (Hrsg.), Aufstand und Demokratie. Counterinsurgency als normative und praktische Herausforderung, Wiesbaden 2011, S. 61 ff.; 61
[31] Matthew Irwine, John Nagl, A Long War in the Shadows: The Future of U.S. Counterterrorism, in: ISPK (Hrsg.), Jahrbuch Terrorismus 2011/2012, Opladen, Berlin, Toronto 2012, S. 325 ff.; 332 f.
[32] ISPK (Hrsg.), Studie Counterinsurgency. Erfahrungen, Strategien und Aussichten unter besonderer Berücksichtigung des ressortübergreifenden Ansatzes. Abschlussbericht, Kiel 30. Januar 2013, S. 4

te für Deutschland eher der Normalfall sein – nicht nur und ganz besonders die nationalen Ressorts und staatlichen Akteure, sondern findet zudem noch einmal seinen Ausdruck in internationalen Missionen, in denen dann die Kontingente (zumindest in den Führungsstäben) auch noch multinational besetzt sind und die dann auch die jeweiligen nationalen Vorbehalte und Interessen zu berücksichtigen haben.

Die Herausforderung moderner westlicher Staaten und Demokratien

Moderne westliche Staaten, welche in Konfliktregionen und -staaten mit gewaltsamen Mitteln eingreifen, um Stabilität und Ordnung (wieder-)herzustellen, sehen sich oftmals der Herausforderung ausgesetzt, dass sie trotz der grundsätzlichen technischen und technologischen Überlegenheit ihrer Interventionsmittel erhebliche Schwierigkeiten haben, stabile Nachkriegsordnungen zu etablieren. Dabei gelten die westlichen Werte bislang als globale Leitkultur, wenngleich der Ordnungsgedanke im internationalen System wichtiger ist als der Gedanke der Freiheit und der Gerechtigkeit. Staat und Staatengemeinschaften sehen sich zunehmend mit Phänomenen von Gewalt – also Handeln, das menschliches Leben unmittelbar verletzt, bedroht oder mittelbar gefährdet[33] –, Terrorismus und Auflösung konfrontiert. Die neuen Konfliktlagen und die Formen ihrer gewaltsamen Austragung erscheinen uns häufig als unverständlich und unverstehbar. Hintergrund und Austragungsmodus gewaltsamer Auseinandersetzungen entsprechen oftmals nicht dem zivilisierten (westlichen) Menschen- und Kriegsbild. Dabei verwischen unter anderem, wie Beck feststellt, die Grenzen zwischen den scheinbar anthropologisch gesicherten Dualen Krieg und Frieden, Freund und Feind, Krieg und Verbrechen.[34] Zugleich sind insbesondere die westlichen Demokratien und Bündnisse weitestgehend bestrebt, bei ihrem Eingreifen in Konflikte

---

[33] Otfried Höffe, Lexikon der Ethik, 6. Aufl., München 2002, S. 92
[34] Ulrich Beck, Der kosmopolitische Blick oder: Krieg ist Frieden, München 2004, S. 199

ihre eigenen Wertmaßstäbe anzulegen bzw. auf die Gesellschaften vor Ort zu übertragen und anzuwenden. Eine solche Projektion von Werten und Normen auf andere geographische Räume und ihre Bewohner ist dann nicht problemfrei, wenn diese Werte und Normen als unabdingbar und universell gültig erklärt werden und auch durchgesetzt werden sollen. Dabei gilt sogar für westliche Staaten, dass regulative Ideen, wie etwa Objektivität und Demokratie, einen anderen Status haben als präskriptive Verhaltensregeln; sie bringen komplexe Zielorientierungen zum Ausdruck.[35] Arnold Brecht hatte seinerzeit bereits die „Krise in der wissenschaftlichen Theorie" im Aufkommen der theoretischen Auffassung gesehen, dass zwischen letzten Werten keine wissenschaftliche Wahl getroffen werden könne.[36] Wirkungsstrategien dürfen sich daher nicht nur auf Durchsetzung beschränken, sondern erfordern zunehmend Akzeptanz und Einbindung sowie daher eine entsprechende Wertetoleranz, welche auf Vereinbarkeit von Unterschieden ausgelegt sein muss. Folglich sind nicht nur strukturelle Faktoren wie fehlende Ressourcen, Unterfinanzierung und mangelnde Koordinierung die Erklärung für unbefriedigende Ergebnisse, sondern das Ergebnis wird bestimmt durch die Interaktion der externen Ordnungsmacht mit den lokalen Eliten.[37] Entscheidend ist hier also die Frage, nach welchen Erfordernissen und Notwendigkeiten Gewalt zur Durchsetzung von Zielen und Interessen eingesetzt wird. Der Ansatz von Counterinsurgency mit seinen wesentlichen Phasen von „Hold, Clear, and Build", welche sich gegenseitig ablösen bzw. abwechseln, fordert das Zusammenwirken der unterschiedlichen Akteure in den entsprechenden Phasen in jeweils unterschiedlicher Intensität. Zugleich wird deutlich, dass Counterinsurgency mehr ist

---

[35] Michael Zürn, Der souveräne Staat als regulative Idee, in: Andreas Voßkuhle, Christian Bumke, Florian Meinel (Hrsg.), Verabschiedung und Wiederentdeckung des Staates im Spannungsfeld der Disziplinen, Berlin 2013, S. 187 ff.; 189
[36] Arnold Brecht, Politische Theorie, Die Grundlagen politischen Denkens im 20. Jahrhunderts, 2. Aufl. Tübingen 1976, S. 9
[37] vgl. Christoph Zürcher, Der verhandelte Frieden: Interventionskultur und Interaktion in Nachkriegsgesellschaften, in: Thorsten Bonacker, Michael Daxner, Jan H. Fee, Christoph Zürcher (Hrsg.), Interventionskultur. Zur Soziologie von Interventionsgesellschaften, Wiesbaden 2010, S. 19 ff.; 19 f.

als eine militärische Disziplin.³⁸ Mehr noch: insbesondere das britische Verständnis von Counterinsurgency geht bereits seit längerem davon aus, dass militärischer Kräfteansatz wenig erfolgreich bei der Erreichung politisch zufriedenstellender Ergebnisse auf allen Ebenen des Konfliktes ist.³⁹ Während allerdings die Counter-Insurgency eine Insurgenz sinnlogisch voraussetzt, bedingt eine Insurgenz als solche nicht zwangsläufig eine Gegenbewegung im Sinne einer Counterinsurgency.⁴⁰

Das Verständnis von „Rationalität" von Konflikten

Die „neuen Kriege" sind gekennzeichnet durch den Verfall von Staatlichkeit und das Überhandnehmen privatisierter Gewalt, das Auftreten scheinbar längst der Vergangenheit angehörender Waffenträger wie Söldner, Kindersoldaten und Warlords sowie durch Kämpfe um Identität, Bodenschätze und grundlegende, existentielle Ressourcen, wobei das äußere Kennzeichen der „Neuen Kriege" das vermehrte Auftreten irrational scheinender, exzessiver Gewalt, Massaker oder das Umschlagen von nachbarschaftlichen Beziehungen in den „Kampf aller gegen alle" in ethnisch überformten Konflikten ist.⁴¹ Hierzu wird ausgeführt, dass die Anwendung von Gewalt nicht mehr einer begrenzten Rationalität folge, sondern unbegrenzt und umfassend in einer „nihilistischen Gewaltanwendung" sich vor allem gegen zivile Ziele richte.⁴² Es ist dabei oftmals von gesinnungsloser, sinnlo-

---

³⁸ John Nagl, Richard Weitz, Counterinsurgency and the Future of NATO, in: http://www.cnas.org/files/documents/publications/Trans-Atlantic%20Papers%201-Nagl%20Weitz_v4.pdf„ S. 1; Internet vom 10.11.2012
³⁹ Army Field Manual, Combined Armes Operations. Part 10. Counterinsurgency (Strategic and Operational Guidelines), 2001, A- 1 – A - 3
⁴⁰ Dirk Freudenberg, Counterinsurgency als Phase zur Überwindung schwacher Staatlichkeit und zur Etablierung einer stabilen Nachkriegsordnung, in: Martin H.W. Möllers, Robert Chr. van Ooyen (Hrsg.), Jahrbuch Öffentliche Sicherheit 2012/2013, Frankfurt 2013, S. 285 ff., 286
⁴¹ Andreas Herberg-Rothe, Der Krieg. Geschichte und Gegenwart, Frankfurt am Main 2003, S. 8
⁴² Thomas Pankratz, Tibor Benczur-Juris, Asymmetrie in der Symmetrie: Möglichkeiten und Grenzen der Kooperation von Nachrichtendiensten am Beispiel der

ser oder gar irrationaler Gewaltanwendung die Rede,[43] wobei die Irrationalität durch die Verachtung der gesellschaftlichen Ordnung und die grundsätzliche Leugnung des Wertes menschlichen Lebens in ihrer dunkelsten Form in den Alltag einbreche.[44] Gleichzeitig wird behauptet, dass die Zweck-Mittel-Rationalität der symmetrischen Kriege eingebüßt sei.[45] Dabei ist zu beachten, dass sich die irrational erscheinenden Gewaltformen unter Umständen nur für das Gegenüber, den Gegner oder das Opfer, oder den außenstehenden Beobachter als nicht-rational darstellt. Fraglich könnte hier sein, ob das Verständnis von „Ratio"[46] hier überall dasselbe ist. Es wird möglicherweise übersehen, dass die Gewalt aus einer Rationalität[47] angewendet wird, die nicht dem christlich-abendländischen, von Humanismus und Aufklärung geprägten europäischen Menschen- und Weltbild entspricht, aber durchaus im Vorstellungsbild und in der planerisch-operativen Zielsetzung auf strategische Ziele eine Rationalität aufweisen kann und aus dieser Sicht einem (anderen oder gar eigenen) Vernunftverständnis entspricht. Zürcher weist darauf hin, dass die Einführung demokratischer Regeln zum einen die Machtstel-

---

Bekämpfung des internationalen Terrorismus im Rahmen der Europäischen Union, in: Josef Schröfl, Thomas Pankratz, Edwin R. Micewski, Aspekte der Asymmetrie. Reflexionen über ein gesellschafts- und sicherheitspolitisches Phänomen, Baden-Baden 2006, S. 53 ff.; 55

[43] vgl. Brian M. Jenkins, International Terrorism, in: Robert J. Art, Kenneth N. Waltz (Hrsg.), The Use of Force. Military Power and International Politics, Oxford 1999, S. 70 ff.; 71; vgl. Graeme C. S. Steven, Rohan Gunaratna, Counterterrorism, Santa Barbara, California, 2004, S. 14 ff.

[44] Christian Tomuschat, Internationale Terrorismusbekämpfung als Herausforderung für das Völkerrecht, in: DÖV, 2006, S. 357 ff.; 357

[45] Josef Schröfl, Asymmetrie und Ökonomie, in: Josef Schröfl, Thomas Pankratz, Edwin R. Micewski, Aspekte der Asymmetrie. Reflexionen über ein gesellschafts- und sicherheitspolitisches Phänomen, Baden-Baden 2006, S. 69 ff.; 70

[46] *Nach unserem Verständnis bedeutet „Ratio– rational" Vernunft, Verstand – vernünftg, aus der Vernunft stammend, von der Vernunft bestimmt.* (vgl. Duden, Das Fremdwörterbuch, 4. Aufl. Mannheim, Wien, Zürich 1982, S. 650)

[47] *„Rationalität – rationell" hat neben der Beziehung zur Vernunft auch einen mathematischen, berechnenden Bezug.* (vgl. Duden, Das Fremdwörterbuch, 4. Aufl. Mannheim, Wien, Zürich 1982, S. 650)

lung der militärisch stärksten Gruppen gefährdeten, weil sie an den Wahlurnen das verlieren könnten, was sie im Krieg gewonnen hatten; zum anderen könnten die Möglichkeiten eingeschränkt sein, willkürlich zu regieren und Zwang auszuüben und weiterhin gefährdete demokratische Verfahren und Good Governance die Grundvoraussetzungen, auf denen die Autorität und das Überleben der meisten Regime in Nachkriegsregimen aufbaue: Patronagenetzwerke, deren Grundlage Klientilismus sei, welcher zugleich endemischer Bestandteil schwacher Staaten sei.[48] Diese These lässt sich durchaus belegen. Die Anschläge auf Hilfsorganisationen[49] und die Vereinten Nationen in Krisengebieten stehen dafür. Die humanitäre Hilfe und die Hilfe zum (Wieder-) Aufbau ziviler Infrastrukturen werden als feindlich angesehen, da eine Linderung der Not und eine Normalisierung des täglichen Lebens auch die – möglicherweise fragile staatliche – Ordnung stabilisieren. Diese Stabilisierung widerspricht aber oftmals den widerstreitenden Interessen, welche auf Instabilität ausgerichtet sind, da die Instabilität und das Chaos Grundlage der eigenen Existenz und Macht ist. Insbesondere der Anschlag auf das Internationale Komitee des Roten Kreuzes (IKRK) in Bagdad im Jahre 2002 kann als ein frühes Indiz hierfür herangezogen werden.[50]

---

[48] Christoph Zürcher, Der verhandelte Frieden: Interventionskultur und Interaktion in Nachkriegsgesellschaften, in: Thorsten Bonacker, Michael Daxner, Jan H. Fee, Christoph Zürcher (Hrsg.), Interventionskultur. Zur Soziologie von Interventionsgesellschaften, Wiesbaden 2010, S. 19 ff.; 21

[49] *Somit wird auch deutlich, dass die Schutzwirkung völkerrechtlicher Schutzzeichen auf Grund des Verhaltens der Irregulären Kräfte nicht umfassend gewährleistet ist.* (vgl. Bundesministerium der Verteidigung, Generalinspekteur der Bundeswehr, Teilkonzeption Schutz von Kräften und Einrichtungen der Bundeswehr im Einsatz [TK Schutz], Bonn, 2006, S. 15)

[50] vgl. Dirk Freudenberg, Civil Military Co-operation CIMIC. Developments and Tendencies of Security Policy in a Changed Environment, in Safety & Security International, Heft 6, 2008, S. 37. *Zur Wirkung zivil-militärischer Interaktion (ZMI) vergleiche:* Markus Gauster, Richtlinien und Wirkung zivil-militärischer Interaktion. Theorie und praktische Erfahrungen am Beispiel EUFOR Tcad/RCA, Wien 2010

Die „Leere des Gefechtsfeldes"

In der Literatur wollen einige Autoren eine „verschärfte Form der Asymmetrie" feststellen: Auf der einen Seite die „ungeheure aufklärungs- und waffentechnische Überlegenheit der einen Seite bei der Zielbekämpfung aus der Luft", welche dem Verschwinden des Gegners in der Zivilbevölkerung entspreche.[51] Tatsächlich handelt es sich bei dieser Beobachtung um einen in der Militärwissenschaft bereits auf konventionelle Kräfte bezogenen, bekannten Aspekt. Dieser Aspekt ist der, dass entgegen der Lehre des 19. Jahrhunderts an die Stelle der Konzentration der Kräfte in Zeit und Raum wegen der hohen Verwundbarkeit und der Gefahr vollständiger Vernichtung solcher Ansammlungen und Zusammenballungen die Notwendigkeit zur Dislozierung getreten ist. Ursache hierfür ist die erhöhte Aufklärungsfähigkeit durch unterschiedlichste Systeme, welche aus allen Räumen und allen Dimensionen erfolgt. Ebenso erfolgt der Waffeneinsatz mit unterschiedlichsten Wirkmitteln in und aus allen Räumen. Dieser Aspekt der „Leere des Gefechtsfeldes"[52] wird nun auf den Modernen Kleinkrieg übertragen. Irreguläre Kräfte, welche den Streitkräften der Ordnungsmacht offen auf demselben Gefechtsfeld gegenübertreten würden, würden rasch geschlagen sein.[53] Doch die Leere des Gefechtsfeldes eröffnet gerade dem Irregulären Bewegungs- und Wirkungsmöglichkeiten. Zur Tarnung verbirgt er sich unter der Zivilbevölkerung und wirkt aus deren Mitte. Gleichzeitig nutzt er diese Tarnung, um in den Raum einzufließen und diesen zeitlich und räumlich

---

[51] Claus Kreß, Georg Nolte, Im ungleichen Krieg, in: FAZ vom 31. Dezember 2009, S. 9

[52] *Dieser Aspekt wurde unter der Begrifflichkeit „Leere des Schlachtfeldes" bereits vor dem Ersten Weltkrieg unter dem Eindruck verbesserter Beobachtungsmittel und der gesteigerten Tragweite der Waffen, sowie der damit verbundenen Erschwerung der Annäherung und der Notwendigkeit, sich der Sicht des Gegners und der Wirkung feindlicher Waffen zu entziehen, gesehen.* (vgl. Heinz-Ludger Borgert, Grundzüge der Landkriegsführung von Schlieffen bis Guderian, in: Militärgeschichtliches Forschungsamt [Hrsg.], Deutsche Militärgeschichte in sechs Bänden. 1648-1939, Bd. 6, Abschnitt IX Grundzüge der militärischen Kriegsführung 1648-1939, München 1983, S. 427 ff.; 480)

[53] John A. Nagl, Foreword, in: David Galula, Counterinsurgency Warfare, Theory and Practice, Westport, Connecticut, London, 2006, S. vii ff.; viii

begrenzt zu beherrschen sowie – wenn der Verfolgungsdruck spürbar wird – wieder auszufließen. Mithin ist die Erscheinung der Leere des Gefechtsfeldes wie so häufig in der Entwicklung kriegerischer Auseinandersetzungen eine Antwort auf konkrete Herausforderungen und daher entsprechen sie Wechselwirkungen mit Aktion und Reaktion, welche wiederum einer Logik des Überlebens folgen. Der sich hieraus ergebenden Herausforderung kann seitens der Ordnungsmacht nur wirksam begegnet werden, wenn diese es schafft, die Bewegungsfreiheit der Irregulären Kräfte einzugrenzen, ihre Bewegungs- und Versorgungslinien abzuschneiden und ihnen den Zugang zum Raum anhaltend verstellt. Dazu bedarf es Kräfte im Raum, welche dort präsent sind, Präsenz zeigen (ggf. „Show of Force") und für Sicherheit und Stabilität sorgen. Bereits Thompson hatte darauf hingewiesen, dass die Seite gewinnen werde, welche zur rechten Zeit an der richtigen Stelle seine „feet on the ground" habe.[54]

Die Ziele und Wirkmittel der Aufständischen

Ein Aufstand ist ein Phänomen des Kleinen Krieges, indem Irreguläre Kräfte als nicht-staatliche Akteure gegen staatliche Akteure asymmetrische unkonventionelle Strategien und Taktiken wählen.[55] Ganz allgemein haben Aufstände eine Kombination von vier gemeinsamen Zielen: Einen politischen Wandel, Überwindung einer Regierung, Widerstand gegen einen auswärtigen Akteur oder Aufhebung der politischen Kontrolle in einem Raum.[56] Die Gewalt der Aufständischen richtet sich zum einen gegen die Zivilbevölkerung, um diese einzuschüchtern, und anderseits gegen die Repräsentanten der Ordnung

---

[54] Sir Robert Thompson, Defeating Communist Insurgency. Experiences from Malaya and Vietnam, London 1962, S. 171

[55] Stefan Goertz, Die Streitkräfte demokratischer Staaten in den Kleinen Kriegen des 21. Jahrhunderts. Analyse der doktrinären und organisationsstrukturellen Eignung der U.S.-Streitkräfte für die Counterinsurgency-Aufgaben Kleiner Kriege, Berlin 2012, S. 43

[56] Joint Chiefs of Staff, Joint Publication 3-24, Counterinsurgency Operations, 05. October 2009, S. xi

und deren internationale Partner.[57] Kleine, wenig ausdifferenzierte Gesellschaften, welche lediglich über einfache Technologien und eine schrumpfende Wirtschaft verfügen, müssen kriegerische Auseinandersetzungen anders organisieren als moderne, hoch organisierte Staaten mit komplexen Technologien und wachsender Wirtschaft; dennoch bedeuten derartige Unterschiede nicht notwendigerweise, dass tribale Kriegführung ungefährlich und ineffektiv ist.[58]

Erfolgsfaktoren Irregulärer Kräfte

Für den Erfolg der Irregulären sind zunächst drei Grundvoraussetzungen wesentlich:

- eine Bevölkerung, die für die Ziele der Irregulären empfänglich ist,
- ein Führungselement, welches die Frustrationen der unzufriedenen Bevölkerung im Sinne der Strategie der Irregulären lenken kann sowie
- fehlender Einfluss und mangelnde Kontrolle der staatlichen Institutionen.[59]

Weitere unabdingbare Bedingungen sind
- die Unterstützung der Bevölkerung,
- die Einheit der Kraftanstrengungen auf ein gemeinsames Ziel,
- der aktive Widerstandswille,
- Disziplin,

---

[57] Robin Schroeder, Über das Zusammenwirken von Sicherheit, Wiederaufbau und Entwicklung im Zusammenhang von Stabilisierungseinsätzen, in: Robin Schroeder, Stefan Hansen (Hrsg.), Stabilisierungseinsätze als gesamtstaatliche Aufgabe. Erfahrungen und Lehren aus dem deutschen Afghanistaneinsatz zwischen Staatsaufbau und Aufstandsbewältigung (COIN), Baden-Baden 2015, S. 65 ff.; 80
[58] Lawrence H. Keeley, War before Civilisation, New York, Oxford 1996, S. 42
[59] Department of the Army, U.S. Army Counterguerrilla Operations Handbook, Guilford, Connecticut 2004, S. 1-2

- Geheimhaltung,
- Propaganda,
- günstige Umgebungsbedingungen und
- externe Unterstützung.[60]

Somit muss für den Erfolg eines Aufstands ein Konglomerat von essenziellen Voraussetzungen gegeben sein, welche ihrerseits in komplexen und empfindlichen Wechselwirkungsbeziehungen miteinander stehen.

Aufstandsbekämpfung – Counterinsurgency als Lösungsansatz

Die Auseinandersetzung mit innerstaatlichen und regionalen Aufstandsbewegungen ist kein wirklich neues Betätigungsfeld der wissenschaftlichen Bearbeitung. Das Problem ist so alt wie der Gegenstand der Betrachtung. Das Phänomen des Aufstands von Menschen gegen die Herrschaft durch andere Menschen ist so alt wie die Organisation menschlichen Lebens selbst und wo immer sich Herrschaftsstrukturen herauskristallisierten, regte sich Widerstand derjenigen, die die Ausübung der Macht als illegitim, unterdrückerisch und repressiv empfanden.[61] Counterinsurgency, also das Niederschlagen von Aufständen – entweder der eigenen Bevölkerung gegen eine als inakzeptabel empfundene Herrschaft oder unterworfener fremder Bevölkerungsgruppen – ist eine alte Kriegsform, die seit Jahrtausenden vor-

---

[60] Department of the Army, U.S. Army Counterguerrilla Operations Handbook, Guilford, Connecticut 2004, S. 1-2 f.
[61] Alexander Straßner, Formen des Aufstands: Die typologische und empirische Vielfalt von Insurgency im historischen Längsschnitt, in: Martin Sebald, Alexander Straßner (Hrsg.), Aufstand und Demokratie. Counterinsurgency als normative und praktische Herausforderung, Wiesbaden 2011, S. 27 ff.; 27; vgl. Wilfried von Bredow, Partisanen jenseits von Staatlichkeit, in: Europäische Sicherheit & Technik 2015, Heft 9, S. 13 ff.; 13

kommt.⁶² Für Killebrew ist die Rebellion gegen eine Regierung die einfachste Form des Aufstands.⁶³

Klassische Ansätze der Aufstandsbekämpfung: Niccolò Machiavelli

Bereits Niccolò Machiavelli, welcher in seinem „vielfältigen schriftstellerischen Werk"⁶⁴ auch umfangreiche militärwissenschaftliche Studien⁶⁵ verfasst hat, hat sich dem Thema der Aufstandsbekämpfung auf verschiedenen Ebenen angenommen.⁶⁶ Auf der politisch-strategischen Ebene, indem er seinem Fürsten Ratschläge zum Umgang mit den Akteuren⁶⁷ gab, aber auch auf der taktischen Ebene, indem er konkrete Untersuchungen⁶⁸ hierzu verfasste und hieraus wiederum Ableitungen zum Umgang mit den Phänomenen herausarbeitete. Ma-

---

⁶² Jochen Hippler, Counterinsurgency – Theorien unkonventioneller Kriegführung: Callwell, Thompson, Smith und das US Army Field Manual 3-24, in: Thomas Jäger, Rasmus Beckmann (Hrsg.), Handbuch Kriegstheorien, Wiesbaden 2011, S. 256 ff.; 257

⁶³ Robert Killebrew, Understanding Future Irregular Warfare Challenges, S. 1, in: http://www.cnas.org/files/documents/publications/CNAS_Testimony_Killebrew_FutureIrregularWarfare.pdf,; Internet vom 10.11.2012

⁶⁴ Rudolf Zorn, Das Leben Machiavellis, in: Rudolf Zorn (Hrsg.), Niccolò Machiavelli, Discorsi, Gedanken über Politik und Staatsführung, 2. Aufl., Stuttgart 1977, S. XVII ff.; XVII

⁶⁵ vgl. Alexander Ulfig, Niccolò Machiavelli, Gesammelte Werke in einem Band, Frankfurt am Main, o.JA.

⁶⁶ Dirk Freudenberg, Counterinsurgency als Phase zur Überwindung schwacher Staatlichkeit und zur Etablierung einer stabilen Nachkriegsordnung, in: Martin H.W. Möllers, Robert Chr. van Ooyen (Hrsg.), Jahrbuch Öffentliche Sicherheit 2012/2013, Frankfurt 2013, S. 285 ff., 289; *Münkler kritisiert zu Recht, dass seine kriegs- und militärtheoretischen Schriften, welche etwa ein Drittel seines Gesamtwerkes umfassen, keine größere Aufmerksamkeit gefunden haben.* (Herfried Münkler, Machiavellis Theorie des Krieges, in: Thomas Jäger, Rasmus Beckmann [Hrsg.], Handbuch Kriegstheorien, Wiesbaden 2011, S. 169 ff.; 169)

⁶⁷ vgl. Niccolò Machiavelli, Der Fürst "Il Principe", 6. Aufl., Stuttgart 1978, S. 67 ff.

⁶⁸ vgl. Niccolò Machiavelli, Wie man das aufständische Chianatal behandeln sollte, in: Alexander Ulfig, Niccolò Machiavelli, Gesammelte Werke in einem Band, Frankfurt am Main, o.JA., S. 886 ff.

chiavelli entwickelt unter Bezugnahme auf antike Beispiele bzw. römische Vorbilder Möglichkeiten des Handelns in der Aufstandsbekämpfung, welche im Kern ihres jeweiligen strategischen Ansatzes zum einen die Richtung grausamer Unterdrückung, zum anderen die Richtung großzügiger Milde aufzeigen.[69] In diesem Sinne hat er auch an anderer Stelle nach den jeweiligen Umständen und Gegebenheiten wohl abzuwägen gewusst, ob Härte oder Güte das Verhalten bestimmen sollten.[70] Insgesamt ging Machiavelli somit äußerst differenziert mit dem Thema um, was Grausamkeiten und Zurückhaltung angeht. Insofern bezeichnet ihn van Creveld zu Recht auch als „Lehrmeister"[71] zu diesem Thema.

Aktuelle Ansätze vor dem Hintergrund gegenwärtiger Einsätze

Über das Thema „Counterinsurgency" im Sinne theoretisch-konzeptioneller Ansätze gibt es heute – nicht zuletzt ausgelöst durch die Einsätze im Irak und in Afghanistan – eine breite nationale wie internationale Diskussion. Doch ist diese Diskussion auch für moderne Armeen nicht wirklich neu. Das „Small Wars Manual" beispielsweise, das von den U.S. Marines 1940 veröffentlicht wurde, basierte bereits auf Erfahrungen auf den Philippinen und Zentralamerika und bleibt eine theoretische Vorlage zu diesem Thema.[72] In den USA

---

[69] Dirk Freudenberg, Counterinsurgency als Phase zur Überwindung schwacher Staatlichkeit und zur Etablierung einer stabilen Nachkriegsordnung, in: Martin H.W. Möllers, Robert Chr. van Ooyen (Hrsg.), Jahrbuch Öffentliche Sicherheit 2012/2013, Frankfurt 2013, S. 285 ff., 289

[70] vgl. Niccolò Machiavelli, Discorsi, Gedanken über Politik und Staatsführung, 2. Aufl., Stuttgart1977, S. 116

[71] Martin van Creveld, Grausamkeit oder Zurückhaltung, Wie reguläre Armeen asymmetrische Kriege gewinnen können, in: IP, April 2006, S. 86 ff.; 91

[72] Michael Howard, Foreword, in: James S. Corum, Fighting the War on Terror. A Counterinsurgency Strategy, St. Paul, MN, 2007, S. 7 ff.; 9; vgl. James S. Corum, Fighting the War on Terror. A Counterinsurgency Strategy, St. Paul, MN, 2007, S. 18; vgl. Max Boot, Small Wars and the Rise of American Power. The Savage Wars of Peace, New York 2003, S. 283

wurden zudem in den 1960er Jahren insbesondere die Schriften Mao Tse-tungs, Che Guevaras und Carlos Marighellas ausgewertet.[73] Ebenso hat man in Großbritannien registriert, dass in dieser Zeit beispielsweise die Lehre Maos – zumindest teilweise – durch die Insurgenten umgesetzt wurde, indem sie aus der Bevölkerung heraus operierten und sich zur Bevölkerung entsprechend kleiner Fische im Wasser verhielten.[74] Dementsprechend führen die Briten auch heute noch klassische Beispiele von Aufständen und die Ansätze ihrer Bekämpfung in ihren neueren Vorschriften zur Aufstandsbekämpfung an.[75] Dabei muss allerdings berücksichtigt werden, dass die Arbeiten der 1960er und 1970er Jahre zumeist revolutionäre, kommunistisch indoktrinierte und unterstützte Bewegungen auf „Nebenkriegsschauplätzen" und vor dem Hintergrund der bipolaren Konfrontation des Kalten Krieges zum Gegenstand ihrer Untersuchung haben. Somit ist das Thema stark praxisorientiert, wodurch sich in der Folge die diesbezügliche Forschung dadurch kennzeichnet, dass sie vornehmlich aus einem breiten Spektrum an praktischen Fall- und Defizitanalysen und aus militärstrategischen sowie entsprechenden militärtaktischen Aspekten und Handlungsanweisungen besteht.[76] Darüber hinaus wurde aber durchaus bereits in den 1960er Jahren erkannt, dass, losgelöst von der bipolaren Kontoverse, Aufstände ein komplexes soziales, politisches, psychologisches, ökonomisches und ideologisches Phä-

---

[73] Brian Michael Jenkins, The Jihadist's Operational Code, in: David Aaron (Hrsg.), Three Years after. Next Steps in The War on Terror, Santa Monica 2005, S. 3 ff.; 3
[74] Sir Robert Thompson, Defeating Communist Insurgency. Experiences from Malaya and Vietnam, London 1962 S. 34
[75] vgl. Army Field Manual, Combined Arms Operations. Part 10. Counterinsurgency (Strategic and Operational Guidelines), 2001
[76] Andreas Friedel, „Hearts and minds" vs. „Carrots and sticks"? Modernisierungstheoretische und rational choice-Ansätze der Counterinsurgency-Forschung im Wettbewerb, in: Martin Sebaldt, Alexander Straßner (Hrsg.), Aufstand und Demokratie. Counterinsurgency als normative und praktische Herausforderung, Wiesbaden 2011, S. 92 ff.; 92; vgl. Hendrik Gast, Counterinsurgency – Herausforderung für die Demokratietheorie: Zu den normativen Implikationen des Problems, in: Martin Sebaldt, Alexander Straßner (Hrsg.), Aufstand und Demokratie. Counterinsurgency als normative und praktische Herausforderung, Wiesbaden 2011, S. 114 ff.; 114

nomen darstellen.[77] Tatsächlich liegen den jeweiligen Studien oftmals unterschiedliche Anknüpfungspunkte in unterschiedlichen Politikfeldern oder auf unterschiedlichen Ebenen zugrunde. Daneben werden gelegentlich unterschiedliche kontextuelle Fokussierungen unter diesem Problemfeld zusammengefasst. Die jeweils gewonnenen Erkenntnisse werden dann auf die geographisch-politisch-soziologische Wirklichkeit eines aktuellen Konflikts projiziert, mit dem unerwarteten Ergebnis, dass diese dann oftmals scheitern, weil die vorausgesetzten Theorien und Parameter nicht den tatsächlichen Gegebenheiten und Zuständen vor Ort entsprechen bzw. mit diesen nicht in Einklang zu bringen sind. In der Tat ist eine strategische Konzeption von Counterinsurgency stets von der jeweiligen strategisch-doktrinären Definition eines Aufstands abhängig und demzufolge gibt es keine grundlegende, wissenschaftlich allgemein verbindliche COIN-Strategie und Taktik, sondern jede COIN Operation verlangt eine individuelle COIN-Konzeption.[78] Somit ist jede Konzeption der Aufstandsbekämpfung strategisch von der Definition des Aufstands abhängig, also von der Analyse der gegnerischen Akteure, ihrer strategischen Ziele und ihrer taktischen Mittel.[79] Dabei ist Counterinsurgency in seiner Umfaßtheit durchaus ein strategischer Ansatz.[80] Ein wesent-

---

[77] John S. Pustay, CounterinsurgencyWarfare, New York 1965, S. 21
[78] Stefan Goertz, Die Streitkräfte demokratischer Staaten in den Kleinen Kriegen des 21. Jahrhunderts. Analyse der doktrinären und organisationsstrukturellen Eignung der U.S.-Streitkräfte für die Counterinsurgency-Aufgaben Kleiner Kriege, Berlin 2012, S. 43
[79] Stefan Goertz, Die Streitkräfte demokratischer Staaten in den Kleinen Kriegen des 21. Jahrhunderts. Analyse der doktrinären und organisationsstrukturellen Eignung der U.S.-Streitkräfte für die Counterinsurgency-Aufgaben Kleiner Kriege, Berlin 2012, S. 43
[80] vgl. John Nagl, Richard Weitz, Counterinsurgency and the Future of NATO, in: http://www.cnas.org/files/documents/publications/Trans-Atlantic%20Papers%201-Nagl%20Weitz_v4.pdf„; Internet vom 10.11.2012; vgl. Robert Killebrew, Understanding Future Irregular Warfare Challenges, S. 3, in: http://www.cnas.org/files/documents/publications/CNAS_Testimony_Killebrew_FutureIrregularWarfare.pdf,; Internet vom 10.11.2012; vgl. David C. Gompert, John Gordon IV, War by Other Means. Building complete and balanced Capabilities for Counterinsurgency, Santa Monica 2008, S. xxviii

licher Punkt ist hier, dass es umstritten ist, ob es sich bei dem Counterinsurgency FM 3-24[81], als dem gegenwärtigen Leitfaden zur Aufstandsbekämpfung um eine Strategie handle oder um einen doktrinären Ansatz zur Bekämpfung Irregulärer Kämpfer.[82] Dabei spricht zum einen bereits die Bezeichnung als „Field Manual", also taktische Vorschrift, und zugleich die entsprechende systemische Einordnung zunächst dafür, dass dem nicht so ist. Tatsächlich ist es aber so, dass das FM 3-24 vielmehr einen Brückenschlag zwischen strategischen und operativen Überlegungen, welche auf die Wirkung im operativen Gesamtumfeld abzielen und konkreten taktischen Ansätzen zu deren Umsetzung leistet.[83] Für die taktische Ebene wird das FM 3-24 umgesetzt und ergänzt durch das FM 3-24.2, „Tactics in Counterinsurgency".[84] Mithin besteht auf Grund dieser unterschiedlichen Betrachtungen bereits auf der methodisch-inhaltlichen Ebene ein Zugangsproblem, welches zu grundlegenden Missverständnissen führen kann, die sich ihrerseits zwangsläufig auf die analytischen Ergebnisse auswirken müssen. Dieses grundlegende Missverständnis führt unter Umständen in der Fortführung dazu, dass die gewonnenen richtigen Erkenntnisse möglicherweise auch nicht umfassend verstanden und diesbezüglich auf allen Ebenen entsprechend angepasst umgesetzt werden. Die Fol-

---

[81] *Zu Hintergrund und Entstehungsgeschichte des US-amerikanischen COIN Field Manuel vergleiche:* Stefan Jungbauer, Von den Klassikern zum modernen Konzept: Das „Counterinsurgency Field Manuel" der US-Streitkräfte und seine militärpolitische Bedeutung, in: Martin Sebaldt, Alexander Straßner (Hrsg.), Aufstand und Demokratie. Counterinsurgency als normative und praktische Herausforderung, Wiesbaden 2011, S. 147 ff.; 149 ff.; *Zur Einordnung und zum Verhältnis zu weiteren Vorschriften und früheren Autoren, welche geradezu als „Klassiker" Einfluss auf das FM 3-24 genommen haben vergleiche auch:* William Marm, Bryan Martin, Christopher O'Gwin, Gabriel Szody, Joshua Thiel, Christopher Young, Douglas Borer, Beyond FM 3-24. Readings for Counterinsurgency Commander, in: Small Wars Journal, 17 December 2010

[82] *vergleiche hierzu:* Sebastian Bruns, Die USA zehn Jahre nach 9/11: „In Search of Monsters to Destroy", in: ISPK (Hrsg.), Jahrbuch Terrorismus 2011/2012, Opladen, Berlin, Toronto 2012, S. 337 ff.; 346, FN 26

[83] Dirk Freudenberg, Das COMISAF Advisory and Assistance Team, in: Europäische Sicherheit und Technik 2012, Heft 9, 2012, S. 41 ff., 41

[84] Headquarters Department of the Army, FM 24-3.2, Tactics in Counterinsurgency, April 2009, S. ix

ge hiervon kann taktisches Versagen und infolge dessen strategisches Scheitern sein.[85]

Der Begriff „Counterinsurgency"

Die Begriffe „Insurgency" und Counterinsurgency" sind wegen ihrer Beispiele in der Geschichte nicht immer positiv besetzt, und insofern ist das Thema Aufstandsbewältigung ein überaus komplexes, umstrittenes und polarisierendes Thema, das in Abhängigkeit des jeweiligen Standpunktes von Ressorts, Nichtregierungsorganisationen oder interessierter Öffentlichkeit durchaus unterschiedlich verstanden wird.[86] Für Jeffrey Record ist eine „Counterinsurgency" per Definitionem ein Kleiner Krieg, da er Operationen regulärer Regierungstruppen gegen irreguläre Aufständische involviere.[87] Allerdings erscheint diese Erklärung hinsichtlich der Akteure bzw. ihrer Legitimation zum einen zu begrenzt und zum anderen zu unbestimmt, da sie fremde Kräfte auf Seiten der Regierung oder unabhängige Interventionskräfte ausschließt und auf der anderen Seite nur auf „irreguläre Aufständische Kräfte" abstellt, ohne den Begriff der Irregularität näher zu bezeichnen. Als „Counterinsurgency" definiert dagegen ein amerikanisches Fachwörterbuch Aktionen, welche von einer konstituierten Regierung

---

[85] Dirk Freudenberg, Counterinsurgency als Phase zur Überwindung schwacher Staatlichkeit und zur Etablierung einer stabilen Nachkriegsordnung, in: Martin H.W. Möllers, Robert Chr. van Ooyen (Hrsg.), Jahrbuch Öffentliche Sicherheit 2012/2013, Frankfurt 2013, S. 285 ff., 290; vgl. Dirk Freudenberg, Das COMISAF Advisory and Assistance Team (CAAT) als strategisches Instrument im Counterinsurgency-Einsatz in Afghanistan, in: Robin Schroeder, Stefan Hansen (Hrsg.), Stabilisierungseinsätze als gesamtstaatliche Aufgabe. Erfahrungen und Lehren aus dem deutschen Afghanistaneinsatz zwischen Staatsaufbau und Aufstandsbewältigung (COIN), Baden-Baden 2015, S. 369 ff.; 373
[86] Axel Dohmen, Die Perspektive des Bundesministers der Verteidigung und der Bundeswehr, in: Robin Schroeder, Stefan Hansen (Hrsg.), Stabilisierungseinsätze als gesamtstaatliche Aufgabe. Erfahrungen und Lehren aus dem deutschen Afghanistaneinsatz zwischen Staatsaufbau und Aufstandsbewältigung (COIN), Baden-Baden 2015, S. 179 ff.; 179
[87] Jeffrey Record, Beating Goliath. Why Insurgencies Win, Washington D.C., 2009, S. ix

oder im Auftrag einer Regierung gegen Kräfte eingesetzt werden, welche einen revolutionären Krieg oder einen bewaffneten Aufstand unternehmen.[88] Jochen Hippler hat in seiner Studie darauf hingewiesen, dass die „Counterinsurgency" von manchen Militärs, Politikern und Wissenschaftlern nicht gern als kriegerisch betrachtet wird und diese sich definitorisch ihren theoretischen und konzeptionellen Herausforderungen entziehen wollen.[89] Sir Robert Thompson hatte seinerzeit bereits kritisiert, dass die Bezeichnung „Counterinsrgency" impliziere, dass allein die Insurgenten die Initiative besäßen und sich die Rolle der Regierung lediglich darauf beschränke, zu reagieren und der Initiative etwas entgegenzusetzen.[90] Der Begriff „Counterinsurgency" bzw. seine wörtliche deutsche Übersetzung „Aufstandsbekämpfung" ist auch heute nicht unumstritten[91]; mitunter wird seine Verwendung als „unglücklich" bezeichnet.[92] Insofern versuchte man den Begriff „Aufstandsbekämpfung" zeitweise auch in Deutschland zu vermeiden und stattdessen durch die umschreibende und eher

---

[88] Edward Luttwak, Stuard L. Koehl, The Dictionary of Modern War. A Guide on the Ideas, Institutions and Weapons of Modern Military Power, New York 1991, S. 145

[89] Jochen Hippler, Counterinsurgency – Theorien unkonventioneller Kriegführung: Callwell, Thompson, Smith und das US Army Field Manual 3-24, in: Thomas Jäger, Rasmus Beckmann (Hrsg.), Handbuch Kriegstheorien, Wiesbaden 2011, S. 256 ff.; 256

[90] Sir Robert Thompson, Defeating Communist Insurgency. Experiences from Malaya and Vietnam, London 1962, S. 50; vgl. Matthias Strohn, Von "Imperial Policing" zu "Low Intensy Operations": Britische COIN-Klassiker, in: Martin Sebaldt, Alexander Straßner (Hrsg.), Aufstand und Demokratie. Counterinsurgency als normative und praktische Herausforderung, Wiesbaden 2011, S. 133 ff.; 138

[91] vgl. NN., Vorwort, in: Heeresamt, Vorläufiger Beitrag von Landstreitkräften zur Herstellung von Sicherheit und Ordnung in Krisengebieten, Köln Juni 2010, vor S. 1; *Es findet sich auch die Übersetzung „Antisubversionskriegführung"* (vgl. Christoph Meier, Insurgency und Counterinsurgency, in: ASMZ 2015, Heft 10, S. 246 ff.; 26)

[92] Wolfgang Lauenroth, Spezialkräfte der Bundeswehr im Einsatz: Vom Kampf gegen den Terrorismus zur Unterstützung von einheimischen Sicherheitskräften in einer Aufstandsbekämpfung, in: Robin Schroeder, Stefan Hansen (Hrsg.), Stabilisierungseinsätze als gesamtstaatliche Aufgabe. Erfahrungen und Lehren aus dem deutschen Afghanistaneinsatz zwischen Staatsaufbau und Aufstandsbewältigung (COIN), Baden-Baden 2015, S. 347 ff.; 357

umständliche Bezeichnung „Beitrag von Landstreitkräften zur Herstellung von Sicherheit und Ordnung in Krisengebieten"[93] zu umgehen.[94] Diese Vermeidungshaltung ist in der einschlägigen wissenschaftlichen Literatur wegen der kolonial vorbelasteten Konnotation früherer Counterinsurgency-Theorien der französischen und britischen Schulen der 1950er und 1960er Jahre bis heute festzustellen.[95] Das ist insofern inkonsequent, als dass sowohl in der Literatur als auch in dem vorstehend bezeichnetem Papier – wie auch in entsprechenden konzeptionellen Vorarbeiten[96] – unter anderem auf entsprechende internationale Vorschriften verwiesen wird, welche die Bezeichnung „Counterinsurgency" tragen.[97] Zugleich werden ebenfalls die englischsprachigen Begriffe „Insurgency" und „Insurgent" übernommen und definiert.[98] Der englischsprachige und als solcher ebenso im gesamten angloamerikanischen Sprachraum gebräuchliche Begriff „Counterinsurgency" hat auch eine Rezeption in die Fachliteratur und in die militärfachlichen Handbücher sowie entsprechende Vorschriften anderer Nationen gefunden. Inzwischen ist in den deutschen

---

[93] Heeresamt, Vorläufiger Beitrag von Landstreitkräften zur Herstellung von Sicherheit und Ordnung in Krisengebieten, Köln Juni 2010; *Dieses Dokument wurde auch in englischer Sprache veröffentlicht. Bezeichnender Weise wurde im Titel dieses englischsprachigen Dokuments nicht auf den Terminus „Counterinsurgency" verzichtet.* German Army Office, Division I – Army Developement, Division II – Army Training, Preliminary Basics for the Role of Landforces in Counterinsurgency, Köln 2010

[94] Dirk Freudenberg, Counterinsurgency als Phase zur Überwindung schwacher Staatlichkei und zur Etablierung einer stabilen Nachkriegsordnung, in: Martin H.W. Möllers, Robert Chr. van Ooyen (Hrsg.), Jahrbuch Öffentliche Sicherheit 2012/2013, Frankfurt 2013, S. 285 ff.; 290

[95] vgl. Stefan Goertz, Die Streitkräfte demokratischer Staaten in den Kleinen Kriegen des 21. Jahrhunderts. Analyse der doktrinären und organisationsstrukturellen Eignung der U.S.-Streitkräfte für die Counterinsurgency-Aufgaben Kleiner Kriege, Berlin 2012, S. 42

[96] AG JACOP, Positionspapier Counterinsurgency (COIN). Beitrag der Landstreitkräfte, Februar 2011

[97] vgl. NN., Vorwort, in: Heeresamt, Vorläufiger Beitrag von Landstreitkräften zur Herstellung von Sicherheit und Ordnung in Krisengebieten, Köln Juni 2010, vor S. 1

[98] Heeresamt, Vorläufiger Beitrag von Landstreitkräften zur Herstellung von Sicherheit und Ordnung in Krisengebieten, Köln Juni 2010, S. 1

Streitkräften ein entsprechender Leitfaden erlassen worden, welcher den gegenwärtigen Sachstand in der Bundeswehr aus Sicht des Heeres wiedergibt[99] und vornehmlich als Handreichung für Truppenführer, ihre Führungsgehilfen sowie militärische Berater für zivile Akteure einen militärischen Beitrag darstellen soll.[100] Über die NATO und über die International Security Assistance Force (ISAF) in Afghanistan war aber auch Deutschland strategisch und operativ in die Umsetzung der Doktrin zivil-militärischer Aufstandsbekämpfung (COIN)[101] eingebunden.[102] Der Terminus „Counterinsurgency" setzt sich aus den Begriffen „Counter" und „Insurgency" zusammen. „Counter" bedeutet im Englischen in diesem Zusammenhang „jemandem entgegenzutreten" oder auch „einer Sache zuwiderhandeln, etwas durchkreuzen".[103] Also ist gemeint, „gegen" etwas zu wirken. Insofern wird der Begriff auch im weiteren Sachzusammenhang mit Gegenspionage, „Counter Espionage" und Spionageabwehr, „Counterintelligence" sowie auch „Counterterror" im Sinne von „Anti-Terror"[104] eingesetzt und ordnet sich somit in einem ausgedehnten fachlichen Umfeld

---

[99] Bruno Kasdorf, Der Leitfaden „Aufstandsbewältigung" als Beispiel für die Entwicklung und Implementierung von Doktrin-Dokumenten im Heer, in: Robin Schroeder, Stefan Hansen (Hrsg.), Stabilisierungseinsätze als gesamtstaatliche Aufgabe. Erfahrungen und Lehren aus dem deutschen Afghanistaneinsatz zwischen Staatsaufbau und Aufstandsbewältigung (COIN), Baden-Baden 2015, S. 133 ff.

[100] Inspekteur des Heeres, Handlungsempfehlungen zur Aufstandsbewältigung. Handreichung für Truppenführer, Strausberg, 18. März 2013, S. 2

[101] NATO (Hrsg.), Allied Joint Doctrine for Counterinsurgency (COIN), AJP-3.44, February 2011

[102] Peter Rudolf, Zivil-militärische Aufstandsbekämpfung. Analyse und Kritik der Counterinsurgency-Doktrin, SWP-Studie, S 2, Berlin, Januar 2011, S. 5; vgl. Hans-Werner Fritz, Hendrik Staigis, Matthias Weber, Counterinsurgency und Führungsverantwortung im Einsatz am Beispiel ISAF im Jahr 2010, in: Robin Schroeder, Stefan Hansen (Hrsg.), Stabilisierungseinsätze als gesamtstaatliche Aufgabe. Erfahrungen und Lehren aus dem deutschen Afghanistaneinsatz zwischen Staatsaufbau und Aufstandsbewältigung (COIN), Baden-Baden 2015, S. 211 ff.; 212

[103] Clara-Erika Dietl, Egon Lorenz, Wörterbuch für Recht, Wirtschaft und Politik, Teil I, Englisch – Deutsch, München 2000, S. 184

[104] vgl. Christian Rojahn, Militärische Antiterroreinheiten als Antwort auf die Bedrohung des internationalen Terrorismus und Instrument nationaler Sicherheitspolitik – das Beispiel Amerika, München 2000, S. 71

ein.¹⁰⁵ Dieses weitere Umfeld irregulärer Bedrohungen umfasst noch weitere Bereiche, welche in Bezug zu Aufständen und Counterinsurgency in Wechselwirkungsbeziehungen stehen und diese ergänzen können und somit zugleich die Umfasstheit der Bekämpfungsansätze unterstreicht.¹⁰⁶ Die Vorsilbe „Counter" insistiert, dass Counterinsurgency aus den Maßnahmen besteht, die ein bedrohter Staat oder seine Verbündeten ergreifen, um einer Insurgency zu begegnen.¹⁰⁷ „Insurgency" heißt „Aufstand, Rebellion, Revolte"¹⁰⁸, beziehungsweise bezeichnet er in der englischen Sprache den Zustand, sich in einem bewaffnetem Aufstand zu befinden¹⁰⁹; der entsprechende Akteur ist der Insurgent bzw. der Aufständische. Dieser Begriff, wie auch das entsprechende Verb „insurgieren, im Sinne von aufständisch werden", abgeleitet vom lateinischen Verb „insurgere", „sich erheben"¹¹⁰, ist ebenso wie das Substantiv „Insurrektion", also „Aufstand", in der deutschen Sprache geläufig.¹¹¹ „Insurgent" gilt im deutschen Sprachgebrauch als der veraltete Begriff für den „Aufständischen" bzw. den „Aufrührer"¹¹², findet allerdings in seiner englischen Aussprache wie-

---

[105] Dirk Freudenberg, Der Einsatz der Streitkräfte im bevölkerungsorientierten „Comprehensive Approach", in: ÖMZ 2012, S. 523 ff.; 524

[106] *So werden insbesondere neben Counterinsurgency neun weiter umfassende Bereiche wie "Counter Trafficking in Persons (TIP)", "Counter Weapons of Mass Destruction (WMD)", "Counternarcotics", "Counter Threat Finance", "Homeland Defense/Homeland Security (HLD/HLS)", "Unconventional Warfare (UW)", "Counterterrorism", "Counter Cyber Warfare" und "Counter-Piracy" kategorisiert.* (U.S. Joint Forces Command, U.S. Special Operations Command, U.S. Army Asymmetric Warfare Group [Hrsg.], Interagency Teaming to Counter Irregular Threats, o.OA., December 2009, S. 1-1) *Dazu kommt noch als ganz wesentliches Feld die Bekämpfung der Finanzströme Irregulärer Kräfte, "Counter-Traet Finance".* (vgl. U.S. Asymmetric Warfare Group, Defense Intelligence Agency, AWG Tactical Counter-Threat Finance, o.OA, 15. March 2010)

[107] Thomas R. Mockaitis, Resolving Insurgencies, SSI, June 2011, S. 11

[108] Clara-Erika Dietl, Egon Lorenz, Wörterbuch für Recht, Wirtschaft und Politik, Teil I, Englisch – Deutsch, München 2000, S. 184

[109] L. GD, Insurgency in: William Benton, (Hrsg.), Encyclopedia Britannica, Bd. 12, Chicago, London, Toronto, Genf, Sidney 1964, S. 456 f.

[110] Brockhaus Enzyklopädie, Bd. 10, 19. Aufl. Mannheim 1989, S. 547

[111] Wissen Verlag, Fremdwörterlexikon, Herrsching 1991, S. 121; vgl. Duden, Fremdwörterbuch, 4. Aufl., Mannheim, Wien, Zürich 1982, S. 349

[112] Brockhaus Enzyklopädie, Bd. 10, 19. Aufl. Mannheim 1989, S. 547

der aktuell Eingang in den deutschen militärischen Sprachschatz.[113] Mithin entspricht „Counterinsurgency" zunächst dem klassischen deutschen Wort „Aufstandsbekämpfung". Damit bezeichnet der Terminus einen Zustand – den Aufstand –, ohne zugleich ihn politisch zu belegen oder gar zu werten. Entsprechendes gilt für den Akteur, den Aufständischen, den Insurgenten. Folglich ist mit dieser Bezeichnung offen gelassen, ob Zweck, Ziele und Mittel einer solchen Erhebung befürwortet oder abgelehnt werden. Eine entsprechende Diskriminierung der Akteure wird ebenso unterlassen, zumal eingeräumt wird, dass Insurgenten durchaus durch politische Zwecke und nicht zwangsläufig durch kriminelle Absichten geleitet sein können. Dementsprechend wird „Insurgency" verstanden als „... Bezeichnung für den Prozess einer auf politischen, wirtschaftlichen und/oder sozialen Missständen beruhenden Destabilisierung eines Landes oder einer Region, die sowohl die staatliche Leistungsfähigkeit als auch die staatliche Legitimation beeinträchtigt; der Prozess wird zusätzlich durch irreguläre Aktivitäten von Insurgents verstärkt."[114] Allerdings hat auch diese Definition die negativ wertende Konnotation der Irregularität und sie lässt ebenfalls offen, was es damit auf sich hat. Dieser Definitionsansatz leidet des Weiteren darunter, dass er durch seine sprachliche Fassung unterstellt, dass die angesprochenen Missstände objektiv existieren, und damit ausschließt, dass sie nicht lediglich durch die Insurgenten subjektiv empfunden, behauptet oder unterstellt werden. An anderer Stelle wird „Aufstand" definiert als eine Strategie, welche von Gruppen angewandt wird, welche ihre politischen Ziele nicht mit herkömmlichen Mitteln oder einer schnellen Machtergreifung erreichen können.[115] Der Leitfaden Aufstandsbekämpfung beschreibt nun einen Aufstand als eine organisierte Widerstandsbewegung, die meist durch koordinierten und fortwährenden

---

[113] *vergleiche unter anderem:* Heeresamt, Vorläufiger Beitrag von Landstreitkräften zur Herstellung von Sicherheit und Ordnung in Krisengebieten, Köln Juni 2010
[114] Heeresamt, Vorläufiger Beitrag von Landstreitkräften zur Herstellung von Sicherheit und Ordnung in Krisengebieten, Köln Juni 2010, S. 1
[115] Steven Metz, Raymond Millen, Insurgency and Counterinsurgency in the 21th Century: Reconceptualising Threat and Response, SSI, November 2011, S. 2

Einsatz von Gewaltakten und politischer Agitation versucht, die staatliche Autorität zum Scheitern zu bringen und langfristig ihre politischen Ziele und Ordnungsvorstellungen zu realisieren.[116] Diese letzte Festlegung beschreibt zwei Wirkdimensionen, die Wirkdimension der Gewalt und den medialen Einsatz in Form von Propaganda. Gemeinsam ist diesen Definitionen, dass keine wertende – diskriminierende oder gar kriminalisierende – Einordnung der Aufständischen und ihrer Motive vorgenommen wird. Dementsprechend grenzt Kilcullen auch Insurgenten von Terroristen ab. Die entscheidenden Kriterien sind für ihn zum einen, dass Insurgenten im Gegensatz zu Terroristen tief in der Gesellschaft verwurzelt sind und diese somit repräsentieren, und zum anderen, dass Insurgenten Gewalt nicht als zentrales Merkmal auszeichnet, sondern sie Gewalt als ein Instrument einer integrierten politisch-militärischen Strategie einsetzen.[117] Mit diesen Definitionsansätzen wird grundsätzlich eingeräumt, dass Aufstände durchaus legitimiert sein können. Mithin handelt es sich bei der Bezeichnung als „Insurgenten" um eine sachliche Beschreibung. Damit ist auch der Begriff der Insurgenz objektiviert, das heißt auch er impliziert keine politische Wertung – schon gar keine abwertende. Somit handelt es sich schlussendlich um einen politisch neutralen Begriff.[118] Die militärischen Führungsvorschriften der Briten und US-Amerikaner stellen das klar heraus, indem sie einräumen, dass es auch Aufstände gibt, welche durchaus legitimiert sind und die sich dement-

---

[116] Inspekteur des Heeres, Handlungsempfehlungen zur Aufstandsbewältigung. Handreichung für Truppenführer, Strausberg, 18. März 2013, S. 1; *Die Definition der US-Counterinsurgency-Operations Doktrin ist dagegen wesentlich knapper, als dass sie einen Aufstand als eine interne Bedrohung beschreibt, welche Subversion und Gewalt einsetzt, um politische Ziele zu erreichen.* (Joint Chiefs of Staff, Joint Publication 3-24, Counterinsurgency Operations, 05. October 2009, S. ix)
[117] David Kilcullen, Counterinsurgency, New York 2010, S. 188
[118] Dirk Freudenberg, Der Einsatz der Streitkräfte im bevölkerungsorientierten „Comprehensive Approach", in: ÖMZ 2012, S. 523 ff.; 524; Dirk Freudenberg, Counterinsurgency als Phase zur Überwindung schwacher Staatlichkeit und zur Etablierung einer stabilen Nachkriegsordnung, in: Martin H.W. Möllers, Robert Chr. van Ooyen (Hrsg.), Jahrbuch Öffentliche Sicherheit 2012/2013, Frankfurt 2013, S. 285 ff., 290

sprechend gegen nicht legitimierte Regime richten. Auch der deutsche Leitfaden räumt ein, dass es zwei Extreme geben kann: Entweder kann die Aufstandsbewegung durch die internationale Gemeinschaft als legitim angesehen werden oder die staatliche Ordnung.[119] Zugleich ist auch der Akteur, der Aufständische, kein einheitlicher Typus mit entsprechend einfacher Zielsetzung, Organisations- und Handlungsstruktur. Der deutsche Ansatz beschreibt Aufständische als Personen, die subversive, häufig gewalttätige Aktionen durchführen bzw. unterstützen und dadurch die staatliche Legitimität und Handlungsfähigkeit gefährden, wobei Aufständische eine heterogene Mischung aus lokalen Führern, Mitläufern, Sympathisanten oder Kriminellen sein können, deren jeweilige Motive vielfältig und oft von lokalen oder regionalen Interessen geprägt sind, deren Grenzen oft fließend verlaufen.[120] Zugleich ist die Zugehörigkeit zu einer Aufstandsbewegung ebenso wenig auf Lebenszeit angelegt wie die Loyalität zur staatlichen Autorität, so dass wechselnde Loyalitäten oft zur täglichen Lebenswirklichkeit gehören.[121]

Abgrenzung von anderen Begriffen und Konzeptionen

Den Begriff „Counterinsurgency" zu definieren erscheint ebenso schwierig, wie in einer Counterinsurgeny erfolgreich zu sein.[122] In der Literatur wird immer wieder dem Irrtum unterlegen, Counterinsurgency und Counterterror seien zwei voneinander völlig unabhängige konzeptionelle bzw. strategische Alternativen.[123] Die extrem gegenläu-

---

[119] Inspekteur des Heeres, Handlungsempfehlungen zur Aufstandsbewältigung. Handreichung für Truppenführer, Strausberg, 18. März 2013, S. 1
[120] Inspekteur des Heeres, Handlungsempfehlungen zur Aufstandsbewältigung. Handreichung für Truppenführer, Strausberg, 18. März 2013, S. 1
[121] Inspekteur des Heeres, Handlungsempfehlungen zur Aufstandsbewältigung Handreichung für Truppenführer, Strausberg, 18. März 2013, S. 1
[122] Thomas R. Mockaitis, Resolving Insurgencies, SSI, June 2011, S. 6
[123] vgl. Andreas Friedel, „Hearts and minds" vs. „Carrots and sticks"? Modernisierungstheoretische und rational choice-Ansätze der Counterinsurgency-Forschung im Wettbewerb, in: Martin Sebaldt, Alexander Straßner (Hrsg.), Aufstand und Demokratie. Counterinsurgency als normative und praktische Herausforderung, Wies-

fige Meinung geht davon aus, dass beide Begriffe dem Grunde nach inhaltlich gleich sind.[124] Der Begriff „Counterinsurgency" ist daher zunächst von den Begriffen „Counterguerilla" bzw. „Counterterrorism (CT)" abzugrenzen. Für Andrew Rathmell stellen CT-Strategien und -institutionen denn auch lebenswichtige Werkzeuge für die Alliierten der Vereinigten Staaten dar.[125] Rudolf stellt Counterterrorism als eigenständige strategische Alternative dem umfassenden Konzept der Counterinsurgency gegenüber.[126] Während „Counterguerilla" und „Counterterrorism" als Stoßrichtung der Aktion konkret die jeweiligen irregulären Akteure haben, ist die Wirkrichtung und vor allem das Wirkungsumfeld der Counterinsurgency umfassender und umfangreicher.[127] Counterguerilla zielt demnach gegen das aktive militärische Element der Aufstandsbewegung[128] und dementsprechend sind die Sicherheitskräfte hierauf fixiert. Ebenso hat Counterterrorism ein reduziertes, präzises Ziel.[129] Collins definiert „Counterterrorism" in diesem Sinne als offensive, Ressort und Institutionen übergreifende Maßnahmen, um nationalen oder auch transnationalen Terrorismus

---

baden 2011, S. 92 ff.; vgl. ISPK (Hrsg.), Studie Counterinsurgency. Erfahrungen, Strategien und Aussichten unter besonderer Berücksichtigung des ressortübergreifenden Ansatzes. Abschlussbericht, Kiel 30. Januar 2013, S. 57

[124] William Nester, Hearts, Minds and Hydras. Fighting Terrorism in Afghanistan, Pakistan, America, and Beyond – Dilemmas and Lessons, Washington, D.C., 2012, S. 38

[125] Andrew Rathmell, Building Counterterrorism Strategies and Institutions, in: David Aaron (Hrsg.), Three Years after. Next Steps in The War on Terror, Santa Monica 2005, S. 47 ff.; 47

[126] Peter Rudolf, Kriegsmüdigkeit und Strategiewandel in der amerikanischen Afghanistanpolitik, in: SWP-Aktuell 43, Berlin, September 2011. *In diesem Sinne diskutiert auch Broschk die Ansätze von Counterinsurgency und Counterterror.* (Florian Broschk, Counterterrorism und Counterinsurgency im Afghanistaneinsatz: Die Provinz Balkh, in: ISPK [Hrsg.], Jahrbuch Terrorismus 2011/2012, Opladen, Berlin, Toronto 2012, S. 389 ff.)

[127] vgl. Department of the Army, U.S. Army Counterguerrilla Operations Handbook, Guilford, Connecticut 2004, S. 1-5

[128] Department of the Army, U.S. Army Counterguerrilla Operations Handbook, Guilford, Connecticut 2004, S. 1-5

[129] Peter Rudolf, Kriegsmüdigkeit und Strategiewandel in der amerikanischen Afghanistanpolitik, in: SWP-Aktuell 43, Berlin, September 2011, S. 7

einzugrenzen und, wenn nötig, zu schlagen.[130] Sowohl Counterguerilla als auch Counterterrorism sind damit Teil dieses umfassenden Ansatzes, welche integriert und nicht isoliert im Rahmen von COIN zur Anwendung kommen müssen. Daher hält Kilcullen diese isolierten strategischen Ansätze für inadäquat und stellt demgegenüber heraus, dass nicht nur klar sein muss, gegen wen gekämpft wird, sondern auch wofür.[131] Dennoch können Counterinsurgency-Operationen selbstverständlich mit konkreten gewaltsamen Aktionen gegen Irreguläre Kräfte einhergehen bzw. diese einbinden.[132] Folglich können Counterguerilla- als auch Counterterror Teilmengen einer Aufstandsbekämpfung sein und gegebenenfalls sind diese als abgestimmte und eingepasste Teilkonzepte und entsprechende -operationen in ein umfassendes Counterinsurgency-Konzept einzubinden. Eine Überbetonung einer Trennung zwischen Aufstandsbekämpfung und Terrorismusbekämpfung ist daher auch abzulehnen, da beide Ansätze in der Praxis kaum trennbar sind[133] und sich in der Umsetzung strategischer und operativer Ziele komplementär – nicht alternativ – ergänzen müssen. So kann es durchaus geboten sein, im Rahmen eines COIN-Einsatzes dezidiert offensive Elemente einzubinden mit dem Ziel, die Aufständischen durch gezielte Festnahmen oder Tötungen unter Druck zu setzen und zu schwächen.[134] Counterterrorism aus dem

---

[130] vgl. John M. Collins, Special Operation Forces. An Assessment, Honolulu, Hawai, 2005, S. 5

[131] vgl. David Kilcullen, The Accidental Guerrilla. Fighting Small Wars in the Mist of a Big One, New York 2009, S. 274

[132] vgl. Sarah Sewall, Introduction to the University of Chicago Press Edition, in: United States Department of the Army (Hrsg.), The U.S. Army/Marine Corps Counterinsurgency Field Manual: U.S. Army Field Manual No. 3-24: Marine Corps Warfighting Publication No. 3-33.5, Chicago, London 2007, S. xxi ff.; xxiii

[133] Stephan Maninger, Der Schattenkrieg – Ergänzungen zur „Counterinsurgency"-Debatte, in: ÖMZ 2013, S. 301 ff.; 305

[134] Robin Schröder, Das entscheidende Jahr in Afghanistan – Zeigt die Counterinsurgency Strategie der ISAF Wirkung?, in: ISPK (Hrsg.), Jahrbuch Terrorismus 2010, Opladen, Berlin, Toronto 2011, S. 240 ff.; 245; vgl. ISPK (Hrsg.), Studie Counterinsurgency. Erfahrungen, Strategien und Aussichten unter besonderer Berücksichtigung des ressortübergreifenden Ansatzes. Abschlussbericht, Kiel 30. Januar 2013, S. 19

Konzept einer Counterinsurgency grundsätzlich herausdividieren zu wollen hieße, sich eines ganzen Spektrums operativer Fähigkeiten mit einem tiefen strategischen Wirkspektrum zu berauben. Gleichsam könnte man einem Chirurgen sein Skalpell wegnehmen und ihn für präzise Schnitte auf ein Küchenmesser reduzieren. Als eigenständige strategische Alternative zu dem Konzept einer umfassenden Counterinsurgency, wie es beispielsweise vor dem Hintergrund des Afghanistaneinsatzes diskutiert wird[135], ist das Konzept des Counterterrorism als selbständige oder gar isolierte Art der Aufstandsbekämpfung daher nicht tragfähig. Beide Komponenten müssen zusammenfließen. Dort, wo es möglich ist, sollten ausschließlich zivile Mittel genutzt werden; denn der Kampf gegen Aufständische, der nicht selten mit Tod und Verwundung unter der Zivilbevölkerung einhergeht, könnte dazu führen, dass die Anzahl der feindlichen Kämpfer eher zunimmt. Insofern nützt das Töten möglichst vieler feindlicher Kämpfer weder dem übergeordneten politischen Zweck noch den militärischen Zielen des Einsatzes.[136] Hier könnten sich taktische Erfolge strategisch als kontraproduktiv erweisen. Demzufolge könnte gar der Keim für das Scheitern der Aufstandsbekämpfung im militärischen Erfolg auf der taktischen Ebene stecken.[137] Gleichwohl darf aber kein Zweifel daran bestehen, dass Führer und Angehörige Irregulärer Kräfte auszuschalten, also auch gegebenenfalls zu töten sind, wenn es keine Möglichkeit gibt, sie zu (re-)integrieren, oder sie sonst nicht von ihrem schädlichen Tun ablassen wollen. Folglich ist Counterterrorism eine unabdingbare Komponente der Counterinsurgency und somit auch integrierter Bestandteil.

---

[135] vgl. Sebastian Bruns, Die USA zehn Jahre nach 9/11: „In Search of Monsters to Destroy", in: ISPK (Hrsg.), Jahrbuch Terrorismus 2011/2012, Opladen, Berlin, Toronto 2012, S. 337 ff.; 349

[136] Uwe Hartmann, Krieg ohne Kampf? Zur Reintegration von Aufständischen in Afghanistan, in: Uwe Hartmann (Hrsg.), Lernen von Afghanistan. Innovative Wege und Mittel für Auslandseinsätze, Berlin 2015, S. 76 ff.; 77

[137] Uwe Hartmann, Krieg ohne Kampf? Zur Reintegration von Aufständischen in Afghanistan, in: Uwe Hartmann (Hrsg.), Lernen von Afghanistan. Innovative Wege und Mittel für Auslandseinsätze, Berlin 2015, S. 76 ff.; 77 f.

Entwicklung und Bedeutung der COIN-Konzeptionen

Der Begriff Counterinsurgency wurde zunächst von britischen Militärs in den 1960er Jahren vor dem Hintergrund der Kleinkriege in Kenia und Malaya geprägt.[138] Anfang der 1970er Jahre wurden dazu auch britischerseits die Erkenntnisse des Krieges in Vietnam ausgewertet.[139] Zudem gab es zu jener Zeit Untersuchungen, welche nach historisch weiter zurückliegenden Aufständen und Aufstandsbekämpfungen fragten, um hieraus Folgerungen für die seinerzeit gegenwärtigen Herausforderungen zu erlangen.[140] Somit war der kontextuelle Hintergrund der Einsätze vor allem geprägt durch den Höhepunkt der Dekolonisationsphase nach dem Zweiten Weltkrieg im Zusammenhang mit der Ost-West-Konfrontation während des Kalten Krieges. Doch auch hinter dieser schematischen Einteilung verbarg sich auf der Seite des „Ost-Blocks" nicht zwangsläufig eine monolithische, politisch-ideologische Identität.[141] Tatsächlich stand hinter der ursprünglichen Idee der Counterinsurgency eine Änderung in der Einstellung, welche die Briten gegenüber ihren Gegnern und vor allem gegenüber den Bevölkerungsgruppen bereits in Südostasien umzusetzen begonnen hatten. Die Briten hatten zunächst auch gegenüber der Bevölkerung ein eher rücksichtsloses Verhalten an den Tag gelegt.

---

[138] Daniel R. Kramer, Eating Soup with a Knife – Dilemmata der Aufstandsbekämpfung, in: Sebastian Buciak (Hrsg.), Asymmetrische Konflikte im Spiegel der Zeit, Berlin 2008, S. 393 ff.; 393; *Zur Entwicklung der britischen Vorschriften zur Aufstandsbekämpfung vergleiche auch:* Bruce Hoffman, Jennifer M. Taw, Defense Policy and Low-Intensity Conflict. The Developement of Britain's „Small Wars" Doctrine During the 1950s, Santa Monica 1954; *Zu den britischen Erfahrungen in Malaya vergleiche auch zusammenfassend:* Alexandra Bürger, „Winning heards and minds" zwischen Theorie und Praxis: Die britischen Erfahrungen in Malaya, in: Martin Sebaldt, Alexander Straßner (Hrsg.), Aufstand und Demokratie. Counterinsurgency als normative und praktische Herausforderung, Wiesbaden 2011, S. 185 ff.
[139] Sir Robert Thompson, Defeating Communist Insurgency. Experiences from Malaya and Vietnam, London 1962; vgl. Robert Thompson, Revolutionary War in World Strategy 1945-1969, London 1970
[140] vgl. John Ellis, From the Barrel of a Gun. A history of Guerrilla, Revolutionary and Counter-Insurgency Warfare, from the Romans to the Present, London 1995
[141] John S. Pustay, Counterinsurgency Warfare, New York 1965, S. 3

Der neue Ansatz differenzierte jetzt zwischen Irregulären und der Bevölkerung. Nun entwickelten die Briten eine Strategie, welche darauf abstellte, das Vertrauen und die Unterstützung der Bevölkerung zu gewinnen.[142] Mit der Änderung des britischen Strategieansatzes der Aufstandsbekämpfung war somit ein Paradigmenwechsel eingeleitet. Diese Definition wurde dann auch von den USA während des Vietnamkrieges übernommen; wenngleich diese den Schwerpunkt auf eine exzessive Anwendung militärischer Mittel und Methoden legten.[143] Mithin waren die US-amerikanischen Untersuchungen zum Thema in jener Zeit auch vorwiegend militärwissenschaftlich ausgelegt.[144] In der Folge des Erfolges der Aufstandsbekämpfung in Malaysia gründet die dominante Wirkung der britischen COIN-Schule insbesondere auch auf die U.S.-amerikanische COIN-Schule.[145] Dabei weist Hippler dar-

---

[142] Richard Stubbs, From Search and Destroy to Hearts and Minds. The Evolution of British Strategy in Malaya 1948-60, in: Daniel Marston, Carter Malkasian (Hrsg.), Counterinsurgencyn Modern Warfare, Oxford, New York 2008, S. 113 ff.; vgl. Stefan Goertz, Die Streitkräfte demokratischer Staaten in den Kleinen Kriegen des 21. Jahrhunderts. Analyse der doktrinären und organisationsstrukturellen Eignung der U.S.-Streitkräfte für die Counterinsurgency-Aufgaben Kleiner Kriege, Berlin 2012, S. 61

[143] Daniel R. Kramer, Eating Soup with a Knife – Dilemmata der Aufstandsbekämpfung, in: Sebastian Buciak (Hrsg.), Asymmetrische Konflikte im Spiegel der Zeit, Berlin 2008, S. 393 ff.; 393; *Interessant ist auch in der durchaus selbstkritischen Nachbetrachtung des amerikanischen Engagements die Ausführungen McNamaras:* Robert S. McNamara, In Retrospect, The Tragedy and Lessons from Vietnam, New York 1995; *Zu den anglo-amerikanischen Entwicklungen und Erfahrungen vergleiche auch:* J. Paul de B. Taillon, The Evolution of Special Forces in Counter-Terrorism. The British and American Experience, London 2001; *vergleiche die US-amerikanischen Erfahrungen auf diesem Kriegsschauplatz auch zusammenfassend:* Carolin Holzmeier, Franz Hederer, Zwischen Counterinsurgency und regulärem Krieg, in: Martin Sebaldt, Alexander Straßner (Hrsg.), Aufstand und Demokratie. Counterinsurgency als normative und praktische Herausforderung, Wiesbaden 2011, S. 222 ff.

[144] *vgl. in diesem Sinne beispielsweise bereits vor dem massiven Eingreifen der USA in Vietnam:* Franklin Mark Osanka (Hrsg.), Der Krieg aus dem Dunkel. 20 Jahre kommunistische Guerilakämpfe in aller Welt, Köln 1963

[145] Stefan Goertz, Die Streitkräfte demokratischer Staaten in den Kleinen Kriegen des 21. Jahrhunderts. Analyse der doktrinären und organisationsstrukturellen Eignung der U.S.-Streitkräfte für die Counterinsurgency-Aufgaben Kleiner Kriege, Berlin 2012, S. 61

auf hin, dass Counterinsurgency heute in den US-amerikanischen Doktrinen mehr ist als die militärische Niederschlagung eines Aufstandes, sondern der Kampf gegen irreguläre Einsatztypen, wozu z.B. die Bekämpfung des Drogenhandels[146] und der -produktion („Counterdrug Operations/Counter-Narcotic Operations"), die Durchsetzung von Sanktionen und Schutzzonen, die Sicherung von Luft- und Seeverkehrswegen, Evakuierungsoperationen, Rettungs- und Bergungseinsätze, Friedenseinsätze, humanitäre Hilfe, militärische Machtdemonstrationen („Show of Force Operations"), punktuelle Angriffe („Strikes and Raids"), militärische Unterstützung ziviler Behörden, aber auch Aufstandsbekämpfung sowie die Unterstützung von Aufständen gehören.[147] Allerdings wird in der Literatur darauf verwiesen, dass sich Counterinsurgency-Ansätze ebenso in anderen Einsatzformen wiederfinden können, wie auch Counterinsurgency-Operationen in unterschiedlichen politischen Kontexten erfolgen.[148] Im Übrigen ist zu beachten, dass Counterinsurgency immer von den jeweiligen spezifischen regionalen, geographischen, kulturellen, religiösen und geopolitischen Gegebenheiten und Interdependenzen abhängig ist und entsprechend jeweils auf diese abzustimmen ist. Das heißt, das jede Counterinsurgency-Planung eine der Problemstellung äquivalent komplexe Mixtur aus Wirkmitteln darstellen muss, welche auf die entsprechenden sozialen, politischen, psychologischen, ökonomischen und ideologischen Phänomenen abgestimmt sein müssen.[149] Dementsprechend bietet die jeweilige Kontextabhängigkeit

---

[146] *Zur Problematik des „Drogenkrieges", des Begriffs und seiner völkerrechtlichen Einordnung vergleiche:* Sven Peterke, Drogenkrieg und (völkerrechtlicher) Kriegsbegriff, in: Martin H.W. Möllers, Robert Chr. van Ooyen (Hrsg.), Jahrbuch Öffentliche Sicherheit 2010/2011, Zweiter Halbband, Frankfurt 2013, S. 349 ff.

[147] Jochen Hippler, „Counterinsurgency" – Neue Einsatzformen für die NATO?, in: APuZ 43/2006, S. 24 ff.; 26

[148] Jochen Hippler, „Counterinsurgency" – Neue Einsatzformen für die NATO?, in: APuZ 43/2006, S. 24 ff.; 27

[149] John S. Pustay, Counterinsurgency Warfare, New York 1965, S. 21; vgl. Edward Luttwak, Stuard L. Koehl, The Dictionary of Modern War. A Guide on the Ideas, Institutions and Weapons of Modern Military Power, New York 1991, S. 145

eine eigene Reihe von Herausforderungen.[150] Mithin ist jeder Kontext neu auszuwerten und zu beurteilen. Demzufolge sind Operationen von Irregulären Kräften wie auch Counterinsurgency-Operationen komplexe Unterarten der Kriegsführung.[151] Allerdings sind herkömmliche reguläre Streitkräfte nicht unbedingt auf diese Art der Kriegführung vorbereitet und befähigt, in einem solchen zu kämpfen.[152] Dabei spielen die Befindlichkeiten der betroffenen Bevölkerung und ihrer jeweiligen Volksgruppen eine besondere Rolle.[153] Die Bevölkerung ist zum einen ein kritisches Terrain; andererseits aber auch der Schlüssel zum Erfolg.[154] Ruff-Stahl meint daher auch, dass der Zweck von COIN-Operationen eher in der zielgerichteten Beeinflussung der öffentlichen Meinung liegt, als in der grundlegenden Veränderung der politischen Situation im Einsatzland.[155] Die Beschwerden und Beweggründe der Aufständischen sind folglich ernst zu nehmen und von der

---

[150] David A. Petraeus, James F. Amos, Foreword, in: United States Department of the Army (Hrsg.), The U.S. Army/Marine Corps Counterinsugency Field Manual: U.S. Army Field Manual No. 3-24: Marine Corps Warfighting Publication No. 3-33.5, Chicago, London, S. xlv f.; xlvi

[151] United States Department of the Army (Hrsg.), The U.S. Army/Marine Corps Counterinsurgency Field Manual: U.S. Army Field Manual No. 3-24: Marine Corps Warfighting Publication No. 3-33.5, S. 1; vgl. James S. Corum, Fighting the War on Terror. A Counterinsurgency Strategy, St. Paul, MN, 2007, S. 14

[152] James S. Corum, Fighting the War on Terror. A Counterinsurgency Strategy, St. Paul, MN, 2007, S. 14

[153] Dirk Freudenberg, Das COMISAF Advisory and Assistance Team (CAAT) als strategisches Instrument im Counterinsurgency-Einsatz in Afghanistan, in: Robin Schroeder, Stefan Hansen (Hrsg.), Stabilisierungseinsätze als gesamtstaatliche Aufgabe. Erfahrungen und Lehren aus dem deutschen Afghanistaneinsatz zwischen Staatsaufbau und Aufstandsbewältigung (COIN), Baden-Baden 2015, S. 369 ff.; 375

[154] Terry Tucker, Counterinsurgency Methods and The Global War on Terror, Mustang, Oklahoma 2008, S. 158; vgl. Klaus Jochen Arnold, Ius in bello und Guerillakrieg, in: Die Politische Meinung, April 2011, S. 50 ff.; 53

[155] Hans-Joachim Ruff-Stahl, Human Factors im Krieg: Ist COIN eine taktische Antwort auf ein strategisches Problem?, in: Robin Schroeder, Stefan Hansen (Hrsg.), Stabilisierungseinsätze als gesamtstaatliche Aufgabe. Erfahrungen und Lehren aus dem deutschen Afghanistaneinsatz zwischen Staatsaufbau und Aufstandsbewältigung (COIN), Baden-Baden 2015, S. 137 ff.; 145

Politik aufzunehmen.[156] Dementsprechend muss erfolgreiche und nachhaltige Aufstandsbekämpfung vorrangig auf die konstruktive und nachhaltige Bearbeitung der Konflikte zielen, die den Aufstand tragen.[157] Es kommt also darauf an, eine selbstragende Sicherheit der Bevölkerung zu schaffen.[158] Walt W. Rostow hat bereits früh darauf hingewiesen, dass Aufstandsbekämpfung eine „Schlacht um das Denken und die Seele" bedeutet.[159] Dieser Ansatz einer Schlacht erkennt an, dass es sich um mindestens zwei Parteien handelt, welche hier um das Denken und die Seele ringen. Auch Kilcullen entwickelt diesen Gedanken, wenn er feststellt, dass Counterinsurgency einen Konkurrenzkampf mit den Aufständischen um das Recht und die Fähigkeit darstellt, „hearts and minds and acquiescence" der Bevölkerung zu gewinnen.[160] Der Begriff des Kampfes wird daher nicht auf eine gewaltsame Auseinandersetzung beschränkt, sondern ist umfassend zu verstehen. Aufständische und die Ordnungsmacht stehen in einem Wettbewerb – beide Seiten wollen von der Bevölkerung als legitime Autorität akzeptiert werden.[161] In diesem Wettbewerb geht es zugleich

---

[156] Beatrice Heuser, Santa Cruz de Marcenado (1684-1732): Aufstandsbekämpfung im Zeitalter der Aufklärung, in: Sebastian Buciak (Hrsg.), Asymmetrische Konflikte im Spiegel der Zeit, Berlin 2008, S. 113 ff.; 128

[157] Inspekteur des Heeres, Handlungsempfehlungen zur Aufstandsbewältigung. Handreichung für Truppenführer, Strausberg, 18. März 2013, S. 4

[158] Thomas Rid, Marc Hecker, Virtueller Erfolg. Terrorismus und Aufstandsbekämpfung im 21. Jahrhundert, in: IP Juli/August 2009, S. 46 ff.; 46

[159] Walt W. Rostow, Wie man Guerillaangriffen begegnet, in: Franklin Mark Osanka (Hrsg.), Der Krieg aus dem Dunkel. 20 Jahre kommunistische Guerillakämpfe in aller Welt, Köln 1963, S. 611 ff.; 616

[160] David, Kilcullen, Counterinsurgency, New York 2010, S. 29; vgl. David, Kilcullen, The Twenty-Eight-Articles. Fundamentals of Company-Level Counterinsurgency, 1. Aufl., März 2006, in: http://usacac.army.mil/cac2/coin/repository/28_Articles_of_COIN-Kilcullen(Mar06).pdf, Internet vom 08. September 2010, S. 1; vgl. Headquarters Department of the Army, Counterinsurgency. Aufstandsbekämpfung, Deutsche Übersetzung, Field Manual No: 3-24, Marine Corps Warfighting Publication 3-33.5, 15. Dezember 2006, S. xii

[161] Thomas Rid, Wenn Generale Politik machen, in: DIE ZEIT vom 10. April 2008, S. 15; vgl. Headquarters Department of the Army, Counterinsurgency. Aufstandsbekämpfung, Deutsche Übersetzung, Field Manual No: 3-24, Marine Corps War-

um Ideen, um die Zustimmung auch der Teile der Bevölkerung zu gewinnen, die mit den Aufständischen sympathisieren und damit Aufständische von ihr zu trennen sowie sie einander zu „entfremden", so dass die Aufständischen an Glaubwürdigkeit und Durchschlagskraft sowie ihre Rückzugsräume innerhalb der Bevölkerung verlieren.[162] Dieser Ansatz erfordert vor allem Durchhaltevermögen unter Inkaufnahme von eigenen Verlusten, einen langen Einsatz, um die Masse der Bevölkerung in einer Weise gegen die Aufständischen zu vereinen, dass sie sich aus eigenem Antrieb und mit eigenen Kräften gegen sie wehrt und wehren kann.[163] Mithin zielt der jeweilige Gegner auch auf diese inneren Einstellungen und Werte ab. Das gilt für Aufstandsbekämpfer gleichwohl wie für Aufständische. In der Tat wurde das auch zum Teil so postuliert. In diesem Sinne sind die US-Amerikaner und Briten mit ihren Spezial- und Spezialisierten Kräften darauf eingestellt, entsprechend ihrer eigenen Interessen zu gegebener Zeit in Aufstände einzugreifen, Aufstände zu unterstützen oder gar auszulösen.[164] Bereits Präsident Kennedy hatte im Jahre 1962 in einer Rede vor Kadetten in Westpoint den Kampf gegen Guerilla, Subversion, Insurgenten und Attentäter als zukünftig bestimmende Art des

---

fighting Publication 3-33.5, 15. Dezember 2006, S. 1-1; vgl. Hans-Georg Erhard, Roland Kaestner, Aufstandsbekämpfung + Staatsaufbau = Stabilisierung?, in: S+F 2010, Heft 4, S. 195 ff.; 198; vgl. Axel Dohmen, Die Perspektive des Bundesministers der Verteidigung und der Bundeswehr, in: Robin Schroeder, Stefan Hansen (Hrsg.), Stabilisierungseinsätze als gesamtstaatliche Aufgabe. Erfahrungen und Lehren aus dem deutschen Afghanistaneinsatz zwischen Staatsaufbau und Aufstandsbewältigung (COIN), Baden-Baden 2015, S. 179 ff.; 182
[162] Inspekteur des Heeres, Handlungsempfehlungen zur Aufstandsbewältigung. Handreichung für Truppenführer, Strausberg, 18. März 2013, S. 13
[163] Klaus Jochen Arnold, Ius in bello und Guerillakrieg, in: Die Politische Meinung, April 2011, S. 50 ff.; 53
[164] vgl. J. Paul de B. Taillon, The Evolution of Special Forces in Counter-Terrorism. The British and American Experience, London 2001; Genau an diesem Punkt setzte in den 1980er Jahren auch die Kritik linksrevolutionärer Gruppen an. (vgl. David Freedman, Low Intensity War heißt Totaler Krieg, in: WISK [Hrsg.], Counterinsurgency Planning Guide, West-Berlin 1986, S. V ff.; vgl. Michael T. Klare, die neue Counterinsurgency, in: WISK [Hrsg.], Counteirnsurgency Planning Guide, West-Berlin 1986, S. XVII ff.)

Krieges erklärt.¹⁶⁵ Daher war seit den 1960er Jahren Aufstandsbekämpfung Teil der US-Strategie.¹⁶⁶ Dementsprechend müssen Spezial¹⁶⁷- und Spezialisierte Kräfte nicht nur über die erforderliche interkulturelle Kompetenz verfügen, ihr Umfeld zu verstehen, ihre Partner und die jeweiligen Opponenten mit ihren jeweiligen Interessen und Zielsetzungen zu verorten, sondern auch in der Lage sein, ihr Verhalten mit der erforderlichen Flexibilität und dem entsprechenden Feingefühl darauf anzupassen. Interkulturelle Wahrnehmungsfähigkeit und die Fähigkeit, effektive taktische Auftragserfüllung miteinander in einem komplexen Umfeld zu verbinden, ist wesentliches Merkmal des Einsatzes von Spezial- und Spezialisierten Kräften in der Aufstandsbekämpfung. Aber nicht nur offensive Konzeptionen kommen hier zum Zuge. Westliche und neutrale Staaten bedienten sich zur Organisation der nationalen Verteidigung entsprechender Ansätze des Aufstandes. So baute unter anderem der Schweizer Hans von Dach in seiner „Kleinkriegsanleitung für Jedermann" ganz gezielt auf die Unterstützung der Bevölkerung, auf „… die Kraft der Herzen… "¹⁶⁸ und den Verstand.¹⁶⁹ Für den Aufstandsbekämpfer geht es folglich darum,

---

¹⁶⁵ John F. Kennedy, Remarks at West Point to the Graduating Class of the U.S. Military Academy am 6. Juni 1962,
http://www.presidency.ucsb.edu/ws/index.php?pid=8695#axzz1zv5EXXwj; Internet vom 07.07.2012; vgl. Sascha Zwick, Zum Primat der Politik in den Lehren Carl von Clausewitz, in: Clausewitz-Gesellschaft (Hrsg.), Jahrbuch 2011, Hamburg 2011, S. 59 ff.; 65

¹⁶⁶ Steven Metz, Raymond Millen, Insurgency and Counterinsurgency in the 21th Century: Reconceptualising Threat and Response, SSI, November 2011, S. 1

¹⁶⁷ *Zur Entwicklung des deutschen Spezialkräfteeinsatzes vor dem Hintergrund des Engagements in Afghanistan vergleiche:* Wolfgang Lauenroth, Spezialkräfte der Bundeswehr im Einsatz: Vom Kampf gegen den Terrorismus zur Unterstützung von einheimischen Sicherheitskräften in einer Aufstandsbekämpfung, in: Robin Schroeder, Stefan Hansen (Hrsg.), Stabilisierungseinsätze als gesamtstaatliche Aufgabe. Erfahrungen und Lehren aus dem deutschen Afghanistaneinsatz zwischen Staatsaufbau und Aufstandsbewältigung (COIN), Baden-Baden 2015, S. 347 ff.

¹⁶⁸ Hans von Dach, Der totale Widerstand, Kleinkriegsanleitung für Jedermann, 2. Aufl., Bern 1958, S. 181

¹⁶⁹ Dirk Freudenberg, Die Universalität der Methoden Irregulärer Kräfte am Beispiel der Konzepte Hans von Dachs und Carlos Marighellas, in: Thomas Jäger,

die Bevölkerung durch Argumente und Zwang dazu zu bringen, ihn und nicht die Aufständischen zu unterstützen.[170] Für Galula bedeutet die Insurrektion in Anlehnung an Clausewitz die Verfolgung der Politik einer Partei mit allen Mitteln.[171] Mithin ist die Insurrektion der kumulierte Ausfluss einer Politik der Ablehnung der bestehenden faktischen Machtverhältnisse, welche – auf Grund eigener Machtlosigkeit und der Erkenntnis der Chancenlosigkeit anderer Wege der Machtverschiebung zu eigenen Gunsten – letztendlich nur in der extremen und gewaltsamen Form der Auseinandersetzung und des Widerstandes die Möglichkeit zur Veränderung in ihrem Sinne sieht.

Die Mehrdeutigkeit des Begriffs „Aufstandsbekämpfung"

Die Bezeichnung „Aufstandsbekämpfung" assoziiert heute oftmals vornehmlich die Anwendung repressiver – militärischer oder polizeilicher – Gewalt zur Unterdrückung und Niederschlagung von Erhebungen gegen als ungerecht empfundene Herrschaft. Dabei ist das militärische Instrument nur ein Teil eines umfassenden Ansatzes für eine erfolgreiche Aufstandsbekämpfung.[172] Dementsprechend ist Counterinsurgency nicht nur auf militärische Operationen begrenzt, bei denen es neben dem Neutralisieren von Aufständischen auch um die Kontrolle der Gewalt und den Schutz der Bevölkerung geht; so wenig wie die bewaffnete Erhebung als rein militärischer Aufstand zu begreifen ist, so wenig kann die Aufstandsbewegung lediglich militärisch angegangen werden.[173] Das Militär wird dabei im Niveau der

---

Rasmus Beckmann (Hrsg.), Handbuch Kriegstheorien, Wiesbaden 2011, S. 310 ff.; 312 f.
[170] Peter Rudolf, Zivil-militärische Aufstandsbekämpfung. Analyse und Kritik der Counterinsurgency-Doktrin, SWP-Studie, S 2, Berlin, Januar 2011, S. 8
[171] David Galula, Counterinsurgency Warfare, Theory and Practice, Westport, Connecticut, London, 2006 S. 6
[172] Joint Chiefs of Staff, Joint Publication 3-24, Counterinsurgency Operations, 05. October 2009, S. xiv
[173] Axel Dohmen, Die Perspektive des Bundesministers der Verteidigung und der Bundeswehr, in: Robin Schroeder, Stefan Hansen (Hrsg.), Stabilisierungseinsätze als

Gewaltanwendung politisch durch die Mandatierung und ihr nachfolgende Regelungen gesteuert.[174] Allerdings könnte eine Tabuisierung der Frage, wann und wo militärische Mittel geeignet sein könnten, politische Ziele zu verfolgen, im Interesse des Vorrangs der Konfliktbearbeitung mit anderen – nicht-militärischen – Mitteln kontraproduktiv sein.[175] Die neue Leitlinie des Inspekteurs des Heeres[176] wählt daher auch den Terminus „Aufstandsbewältigung" und vermeidet somit in der Begriffsbestimmung das Wort „Kampf". Es erscheint allerdings fraglich, ob diese begriffliche Festlegung im Sinne sprachlicher Klarheit zielführend ist. Tatsächlich wird das Wort „Kampf" im Deutschen etymologisch von seiner germanischen Ausgangsbedeutung „Zweikampf" abgeleitet und steht mithin in enger Beziehung zum exzessiven Gewaltbegriff, hat aber ursprünglich zugleich die Bedeutung von „Wettstreit".[177] Auch Carl von Clausewitz hat diesen Gedanken bei seiner Definition des Krieges als „erweiterten Zweikampf"[178] aufgenommen. Tatsächlich hat diese Medaille zwei Seiten: Counterinsurgency wird ebenfalls als „COIN" abgekürzt. Als „coin" wird im englischsprachigen Raum landläufig ein Geldstück, eine

---

gesamtstaatliche Aufgabe. Erfahrungen und Lehren aus dem deutschen Afghanistaneinsatz zwischen Staatsaufbau und Aufstandsbewältigung (COIN), Baden-Baden 2015, S. 179 ff.; 181

[174] Axel Dohmen, Die Perspektive des Bundesministers der Verteidigung und der Bundeswehr, in: Robin Schroeder, Stefan Hansen (Hrsg.), Stabilisierungseinsätze als gesamtstaatliche Aufgabe. Erfahrungen und Lehren aus dem deutschen Afghanistaneinsatz zwischen Staatsaufbau und Aufstandsbewältigung (COIN), Baden-Baden 2015, S. 179 ff.; 182

[175] Jörg Callies, Nachdenken über Bedingungen und Möglichkeiten militärischer Intervention im Interesse einer Stärkung ziviler Konfliktbearbeitung, in: Jörg Callies (Hrsg.), Vom Gebrauch des „traurigen Notmittels" Krieg. Welche militärischen Operationen können politische Ziele fördern, 1. Aufl., Rehburg-Loccum 2001, S. 5 ff.; 8

[176] Inspekteur des Heeres, Handlungsempfehlungen zur Aufstandsbewältigung. Handreichung für Truppenführer, Strausberg, 18. März 2013

[177] Kluge, Etymologisches Wörterbuch der deutschen Sprache, 3. Aufl., Berlin, New York 1999, S. 421

[178] Carl von Clausewitz, Vom Kriege, in: Werner Hahlweg (Hrsg.), Hinterlassenes Werk des Generals von Clausewitz, 16. Aufl., Bonn 1952, S. 71 ff.; S. 89

Münze bezeichnet. Clausewitz, welcher in seiner Betrachtung „Vom Kriege" in den Krieg stellenweise ökonomische Gesichtspunkte einfließen[179] lässt, entwirft ein Gleichnis mit Bezügen zur Kreditwirtschaft und führt hierzu aus: „Die Waffenentscheidung ist für alle großen und kleinen Operationen des Krieges, was die bare Zahlung für den Wechselhandel ist …".[180] In der „Strategie"[181] spricht Clausewitz in dieser Formulierung noch vom baren Geld; die Assoziation zur Münze liegt hier also fast noch näher. Die Übertragung dieses Sinnbildes auf den Gegenstand der Untersuchung führt in diesem Zusammenhang zu dem Schluss, dass der militärische Schlag gegen die Irregulären Kräfte nur dann erfolgreich ist, wenn er zu deren Vernichtung bzw. zu deren Auflösung führt; oder um es im Sinnzusammenhang des clausewitzschen Bildes zu sagen: Das Wechselgeschäft wird durch die Rückzahlung erfüllt. Das sind die zwei Seiten der Medaille. Mithin entspricht dieses clausewitzsche Sinnbild einem besonderem Abstraktionsprinzip: die wechselseitigen Handlungen sind eigenständige Geschäfte. Viele Lebensbereiche haben Termini aus dem militärischen Wortschatz entliehen. Auch die Übertragung und aktive Nutzung des Begriffes „Kampf" aus dem militärischen in andere, zum Teil auch weit weniger existenzielle Lebensbereiche bis hin zu friedlichem Spiel und Sport ist auch heute noch sprachlich durchaus gebräuchlich. Aber auch der Begriff „Kampf" ist demzufolge in mehrdeutiger Beziehung im Kontext von Aufstandsbekämpfung zu sehen. Gleichwohl darf durch semantische Reduktion, indem man die Verwendung von Begriffen vermeidet, um die mit ihnen eventuell verbundenen (negativen) Assoziationen zu verhindern, die Wirklichkeit nicht wegignoriert werden.

---

[179] *Interessant zur Übertragung des Clausewitz'schen Strategieansatzes auf ökonomische Fragestellungen ist die Studie von Schildgen:* Henning Schildgen, Wenn Clausewitz Ökonom gewesen wäre – eine Analyse von Wirtschaft als Machtinstrument von Staaten anhand des Strategiemodells von Clausewitz, AIPA 4/2010

[180] Carl von Clausewitz, Vom Kriege, in: Werner Hahlweg (Hrsg.), Hinterlassenes Werk des Generals von Clausewitz, 16. Aufl., Bonn 1952, S. 71 ff.; 124

[181] Eberhard Kessel (Hrsg.), Carl von Clausewitz. Strategie aus dem Jahre 1804 mit Zusätzen von 1808 und 1809, 3. Aufl. Hamburg 1943, S. 62 f.

Die Bedeutung des „Kampfes" im Rahmen der Aufstandsbekämpfung

Counterinsurgency ist mehr als eine militärische Disziplin.[182] Counterinsurgency ist vornehmlich politisch und incorporiert eine breite Palette von Maßnahmen, von denen nur eine die der Sicherheitsorgane ist.[183] Die Betonung des FM 3-24 auf „Clear, Hold and Build[184]" ist vor Allem darauf gerichtet, die Herzen und den Verstand der Bevölkerung zu gewinnen, um den Krieg zu gewinnen; das wiederum hängt von der Entwicklung der wirtschaftlichen, sozialen und politischen Infrastruktur ab, die den Menschen die Sicherheit gibt, in der sie ihren Lebensstandard und ihre Lebensqualität entwickeln können.[185] Es geht also nicht nur um die militärische Neutralisierung von Aufständen, sondern um die zumindest genauso wichtige Rolle von Wiederaufbau- und Stabilisierungsaufgaben.[186] Staatsaufbau und Aufstandsbewältigung sind dabei auf das Engste miteinander verknüpft; nur die erfolgreiche Entwicklung staatlicher Institutionen und Kapazitäten macht es möglich, dass die Regierung im Einsatzland die Zivilbevölkerung mittelfristig selbst vor der Gewalt der Aufständischen schüt-

---

[182] John Nagl, Richard Weitz, Counteinsurgency and the Future of NATO, in: The Chicago Council of Global Affairs, Transatlantic Papers No. 1, October 2010; http://www.cnas.org/files/documents/publications/Trans-Atlantic%20Papers%201-Nagl%20Weitz_v4.pdf; Internet vom 03.10.2012, S. 1

[183] Joint Chiefs of Staff, Joint Publication 3-24, Counterinsurgency Operations, 05. October 2009, S. x

[184] United States Department of the Army (Hrsg.), The U.S. Army/Marine Corps Counterinsurgency Field Manual: U.S. Army Field Manual No. 3-24: Marine Corps Warfighting Publication No. 3-33.5, Chicago, London 2007, S. 174

[185] William Nester, Hearts, Minds and Hydras. Fighting Terrorism in Afghanistan, Pakistan, America, and Beyond – Dilemmas and Lessons, Washington, D.C., 2012, S. 39

[186] Stefan Jungbauer, Von den Klassikern zum modernen Konzept: Das „Counterinsurgency Field Manuel" der US-Streitkräfte und seine militärpolitische Bedeutung, in: Martin Sebaldt, Alexander Straßner (Hrsg.), Aufstand und Demokratie. Counterinsurgency als normative und praktische Herausforderung, Wiesbaden 2011, S. 147 ff.; 147

zen und Recht und Ordnung wahren kann.[187] Das ist der einzige Weg, die Legitimität des Staates gegenüber dem konkurrierenden Legitimitätsanspruch des Staates durchzusetzen.[188] Das Element der Gewaltsamkeit, das von den Streitkräften repräsentiert und exekutiert wird, ist also nur ein Instrument unter vielen, welche zur Erreichung eines politischen Zwecks, einem Zustand der Befriedung, eingesetzt werden können. Streitkräfte alleine können keinen Frieden stiften.[189] Doch Streitkräfte – und manchmal nur Streitkräfte – sind in der Lage, die Voraussetzungen für Stabilität, Frieden und Entwicklung zu schaffen. In jedem Fall nehmen Streitkräfte eine Schlüsselrolle bei der Aufstandsbekämpfung ein. Und auch der Leitfaden zur Aufstandsbewältigung stellt fest, dass „Kampf" ein legitimer Teil des umfassenden Ansatzes zur Aufstandsbewältigung ist.[190] Counterinsurgency ist dementsprechend der Ausfluss einer umfassenden politischen Strategie. So wie für Clausewitz der Krieg die Fortsetzung der Politik mit anderen Mitteln ist – also Teil und Bestandteil von Politik –, so ist Counterinsurgency ebenfalls Teil der Politik durch Fortsetzung des Krieges (auch) mit anderen Mitteln und damit in einem ganz umfassenden Sinne. Demzufolge ist COIN weiterhin Kriegführung; sie wird aber intensiv politisch geführt und setzt zugleich einen weiten Raum an Verantwortung voraus – eben nicht nur militärische, sondern ebenso

---

[187] Robin Schroeder, Über das Zusammenwirken von Sicherheit, Wiederaufbau und Entwicklung im Zusammenhang von Stabilisierungseinsätzen, in: Robin Schroeder, Stefan Hansen (Hrsg.), Stabilisierungseinsätze als gesamtstaatliche Aufgabe. Erfahrungen und Lehren aus dem deutschen Afghanistaneinsatz zwischen Staatsaufbau und Aufstandsbewältigung (COIN), Baden-Baden 2015, S. 65 ff.; 81
[188] Robin Schroeder, Über das Zusammenwirken von Sicherheit, Wiederaufbau und Entwicklung im Zusammenhang von Stabilisierungseinsätzen, in: Robin Schroeder, Stefan Hansen (Hrsg.), Stabilisierungseinsätze als gesamtstaatliche Aufgabe. Erfahrungen und Lehren aus dem deutschen Afghanistaneinsatz zwischen Staatsaufbau und Aufstandsbewältigung (COIN), Baden-Baden 2015, S. 65 ff.; 81
[189] Ulrich Schlie, Kooperative Sicherheit: Möglichkeiten der NATO-Partnerschaftspolitik, in: ASMZ 2013, Heft 4, S. 6 f.; 6
[190] Inspekteur des Heeres, Handlungsempfehlungen zur Aufstandsbewältigung. Handreichung für Truppenführer, Strausberg, 18. März 2013, S. 10

politische, diplomatische sowie entwicklungspolitische.[191] Folgerichtig umfasst COIN auch sämtliche umfassende Fähigkeiten in integrierter Weise.[192] Deshalb wird hier dem Begriff „Aufstandsbekämpfung" bzw. seiner englischen Entsprechung „Counterinsurgency" der Vorzug gegeben. Dieses entspricht im Ergebnis nicht nur wissenschaftlicher Redlichkeit, sondern zugleich der im militärischen Denken verwurzelten Tradition der begrifflichen Eindeutigkeit, Klarheit und Präzision: Die Vorschrift für die Truppenführung (TF) des Heeres, die TF 62, zitierte noch ein Goethe-Wort[193]: „Wer klare Begriffe hat, kann führen."[194] [195] Denn „Einheitlichkeit im Denken und Handeln beruht auf gemeinsamen geistigen Grundlagen, gleicher Rechtsanschauung, gleicher Erziehung, nicht zuletzt aber auch auf ‚gleicher Sprache' und gleichen Begriffen."[196] [197] Mithin wird hier auch aus

---

[191] Alexander Alderson, Counterinsurgency as a Whole of Gouvernment Approch: Notes on the British Army Field Manual Weltanschauung, in: Octavian Manea, An Interview with Colonel Alexander Alderson, http://smallwarsjournal.com/blog/journal/docs-temp/657-manea.pdf, S. 2; Internet vom 26.01.2011; vgl. British Army (Hrsg.), Field Manuel Countering Insurgency, Volume 1, Part 10, October 2009, S. 1-1

[192] John Nagl, Richard Weitz, Counteinsurgency and the Future of NATO, in: The Chicago Council of Global Affairs, Transatlantic Papers No. 1, October 2010; http://www.cnas.org/files/documents/publications/Trans-Atlantic%20Papers%201-Nagl%20Weitz_v4.pdf; Internet vom 03.10.2012, S. 1; vgl. Stefan Oswald, Christine Toetzke, „Counterinsurgency" (COIN) – Eine entwicklungspolitische Perspektive, in: Robin Schroeder, Stefan Hansen (Hrsg.), Stabilisierungseinsätze als gesamtstaatliche Aufgabe. Erfahrungen und Lehren aus dem deutschen Afghanistaneinsatz zwischen Staatsaufbau und Aufstandsbewältigung (COIN), Baden-Baden 2015, S. 189 ff.; 191

[193] Gerhard Brugmann, Nationale militärische Verteidigung im Kalten Krieg, in: Dermot Bradley, Heinz-Ludger Borgert, Wolfram Zeller (Hrsg.), MARS. Jahrbuch für Wehrpolitik und Militärwesen, Jg. 2 (1996), Osnabrück 1996, S. 309 ff.; 309

[194] Bernhard Seuffert, Max Hecker, Phillip Strauch, Goethes Werke, 42. Bd., 2. Abteilung, Weimar 1907, S. 236

[195] Dirk Freudenberg, Militärische Führungsphilosophien und Führungskonzeptionen ausgewählter NATO- und WEU-Staaten im Vergleich, Baden-Baden 2005, S. 90

[196] Bundesminister der Verteidigung, HDv 100/100. Truppenführung (TF), Bonn 1962, RN 52

Gründen der begrifflichen Klarheit der deutsche Terminus „Aufstandsbekämpfung" vertreten.[198] Der Begriff „Counterinsurgency (COIN)" bedeutet demzufolge Aufstandsbekämpfung[199] und sollte daher auch im Interesse der Klarheit und Unmissverständlichkeit so benannt werden.

Betrachtungsperspektiven

Die Schwierigkeit des Zugangs zum Gegenstand der Untersuchung liegt oftmals in den unterschiedlichen Betrachtungsperspektiven seiner Anwender begründet. Für Polk ist das Problem der Aufstandsbekämpfung ein zentrales außenpolitisches Thema.[200] Die US-amerikanische Sichtweise interpretiert Counterinsurgency als ein Problem, welches sich nicht auf einen regional begrenzten Raum reduziert, sondern als globales Problem.[201] Mithin sieht man sich nach diesem Ansatz nicht Akteuren gegenüber, welche in bestimmten Staaten agieren, sondern die US-amerikanische Bürger, Einrichtungen, Unternehmen und Interessen weltweit zum Ziel nehmen und schädigen könnten. Tatsächlich ist die Frage der Einordnung auch immer eine Frage des jeweiligen Standpunkts der Betrachtung. In der heutigen Situation der transnational wirkenden irregulären Gruppierungen, regionalen und lokalen – zum Teil aber wiederum grenzüberschreitenden – Konstellationen mit Implikationen auf die Stabilität der Regionen und Wechselwirkungen auf den globalen Frieden stellt sich

---

[197] Dirk Freudenberg, Militärische Führungsphilosophien und Führungskonzeptionen ausgewählter NATO- und WEU-Staaten im Vergleich, Baden-Baden 2005, S. 90

[198] Dirk Freudenberg, Counterinsurgency als Phase zur Überwindung schwacher Staatlichkeit und zur Etablierung einer stabilen Nachkriegsordnung, in: Martin H.W. Möllers, Robert Chr. van Ooyen (Hrsg.), Jahrbuch Öffentliche Sicherheit 2012/2013, Frankfurt 2013, S. 285 ff., 296

[199] *so auch* Stephan Maninger, Der Schattenkrieg – Ergänzungen zur „Counterinsurgency"-Debatte, in: ÖMZ 2013, S. 301 ff.; 301

[200] William R. Polk, Aufstand. Widerstand gegen Fremdherrschaft: vom Amerikanischen Unabhängigkeitskrieg bis zum Irak, Bonn 2009, S. 9

[201] vgl. Elliot A. Cohen, Preface, in: US-Government, Counterinsurgency Guide, 13. Januar 2009, vor S. 1

das Thema heute als ein ganz wesentliches der Internationalen Politik dar. In jedem Fall ist es eine äußerst komplexe und vielschichtige Angelegenheit in einem breiten Spektrum umfassender Sicherheitspolitik mit zahlreichen Facetten. Allerdings ist der Hinweis Vegos beachtlich, dass je politischer denn rein militärisch die Zielsetzung einer Einsatzplanung ist, desto schwieriger und komplexer die Anwendung der Theorien operativer Kriegführung sind.[202]

Counterinsurgency und Kleinkriegsführung

Aufstandsursachen sind überwiegend politischer Natur; sie sind auch nur durch politisches Handeln der staatlichen Autorität lösbar.[203] Der Kleinkrieg wird von politischen, sozialen und kulturellen, nicht von militärischen Variabeln dominiert.[204] Als klassische Voraussetzungen, welche ein Aufstandsszenario begünstigen, bezeichnet Maninger mit Verweis auf Fred Kaplan schwach ausgeprägte Staatsstrukturen, eine heterogene Bevölkerung, welche die Legitimität der Zentralregierung in Frage stellt sowie einen externen Akteur, zumeist einen Nachbarstaat, der als Rückzugsgebiet und Bereitstellungsraum den Aufständischen zur Verfügung steht.[205] Die Entwicklung des Landes in wirtschaftlicher und ökonomischer Hinsicht, sowie der (Wieder-)Aufbau funktionierender Verwaltungsstrukturen, wie auch ein effektives Rechtsystem sind zumindest genauso wichtig wie die erfolgreiche Bekämpfung der Insurgenten.[206] Die Aufbaumaßnahmen zur Herstellung einer legitimen Regierung und deren Akzeptanz nehmen den

---

[202] Milan Vego, Feldzugsplanung zur Counterinsurgency, in: ÖMZ 2008, S. 151 ff.; 151

[203] Inspekteur des Heeres, Handlungsempfehlungen zur Aufstandsbewältigung. Handreichung für Truppenführer, Strausberg, 18. März 2013, S. 5

[204] Stephen J. Cimbala, Clausewitz und Chaos. Friction in War and Military Policy, Westport, London 2001, S. 101

[205] Stephan Maninger, Der Schattenkrieg – Ergänzungen zur „Counterinsurgency"-Debatte, in: ÖMZ 2013, S. 301 ff.;

[206] Sir Robert Thompson, Defeating Communist Insurgency. Experiences from Malaya and Vietnam, London 1962, S. 51

Aufständischen den Nährboden.[207] Allerdings ist entscheidend, dass das Regierungs- und Verwaltungssystem wie auch die Judikatur von den Menschen akzeptiert und angenommen wird. Missmanagement oder ein ineffektiver (Wieder-)Aufbau zerstören das Vertrauen der Bevölkerung, entziehen dem Ansatz die Unterstützung und werden somit zur Waffe in der Hand der Aufständischen.[208] Mithin wird die Umfänglichkeit und Komplexität des Gesamtansatzes erkennbar: Aufstand und Aufstandsbekämpfung sind komplexe Unterarten der Kriegführung,[209] insbesondere der Führung des Kleinkrieges. Der Kampf gegen Irreguläre Kräfte besteht demzufolge aus mehreren Elementen – Politik, Verwaltung und bewaffnetem Kampf, wobei der bewaffnete Kampf das am wenigsten wichtige Element ist.[210] Es geht im Kern um die Bekämpfung bzw. um das effektive und dauerhafte unschädlich machen Irregulärer Kräfte im modernen Kleinkrieg, welche den Ordnungskräften als Gegner bezeichnet sind, die es aber tunlichst vermeiden, sich ihm offen entgegenzustellen. Mockaitis führt aus, dass die meisten Studien, welche sich mit der Thematik beschäftigen, fälschlicherweise davon ausgehen, dass der Kampf gegen Aufstände – ebenso wie konventionelle bewaffnete Auseinandersetzungen – ebenfalls grundsätzlich mit einem klar erkennbaren Erfolg einer Seite endet.[211] Im Gegenteil: In der Literatur wird zum Teil darauf verwiesen, dass konventionelle Armeen nicht in der Lage sei-

---

[207] vgl. Stephan Maninger, Der Schattenkrieg – Ergänzungen zur „Counterinsurgency"-Debatte, in: ÖMZ 2013, S. 301 ff.; 305, *Maninger ist hier mit Verweis auf Heinsohn* (Gunnar Heinsohn, Söhne und Weltmacht. Terror im Aufstieg und Fall der Nationen), 6. Aufl. 2006, S. 17), *der von der 'Illusion von der Hungerbekämpfung als Friedensstifter" spricht, eher skeptisch, ob dieser Ansatz wirklich greift, da er zu einer Negation der Rolle von Macht und Machtprojektion führen könne, weil ihm die strategische fehle, sie ein defensives strategisches Umfeld schüfe und sich dieses der Gegner zunutze mache.*
[208] Eric T. Olson, Some of the best Weapons for Counterinsurgency do not shoot, o.OA., o. JA, S. xii
[209] Headquarters Department of the Army, Counterinsurgency. Aufstandsbekämpfung, Deutsche Übersetzung, Field Manual No: 3-24, Marine Corps Warfighting Publication 3-33.5, 15. Dezember 2006, S. 1-1
[210] William R. Polk, Aufstand. Widerstand gegen Fremdherrschaft: vom Amerikanischen Unabhängigkeitskrieg bis zum Irak, Bonn 2009, S. 12
[211] Thomas R. Mockaitis, Resolving Insurgencies, SSI, June 2011, S. vii

en, Irreguläre Kräfte zu besiegen. Diese Grundannahme sei auch eine als richtig vertretene Prämisse von Dozenten an westlichen Militärakademien.[212] Charles W. Thayer hatte es seinerzeit ganz ähnlich ausgedrückt und zu Papier gebracht: „Kriege werden von Guerillas nie gewonnen, aber von ihren Gegnern oft verloren."[213] Wenn diese Grundannahmen so richtig wären, könnte konsequenterweise durchaus fraglich sein, warum es bis in die heutige Zeit immer wieder versucht wird, und warum dann nicht seitens der Politik und des Militärs dem Gegenüber nicht von Vorneherein das Feld überlassen wird, bevor nach jahre- oder gar jahrzehntelangen, verlustreichen und kostenintensiven Auseinandersetzungen eine empfindliche Niederlage erlitten wird. Eine Niederlage, welche dann zwangsläufig auch Auswirkungen auf Regierungen hat, also wieder auf die zurückfällt, welche zuvor die Guerilla bekämpft haben. Die Simplizität der vorstehenden These weist demzufolge auf, dass die Beantwortung der dahinterstehenden Fragestellung wohl doch nicht so einfach sein kann; dass das Problem als solches, wie auch die Ansätze zu seiner Lösung von komplexerer Natur sein müssen und sich nicht ohne Weiteres reduzieren lassen. Allerdings ist der Faktor Zeit von besonderer strategischer Bedeutung. Der Sieg über einen Aufstand dauert grundsätzlich länger als der Sieg über einen konventionellen Gegner.[214] Konträr zu konventionellen Militärdoktrinen, welche einen schnellen Sieg durch die Zerschlagung der gegnerischen Streitkräfte propagieren, versuchen Aufständische bewusst, einen Konflikt in die Länge zu ziehen, wobei es nicht ihr Ziel ist, die militärischen Kapazitäten ihres Gegners zu zerstören, sondern vielmehr seinen politischen Willen

---

[212] vgl. Yaakov Amidror, Asymmetrische Kriegsführung – Die israelische Perspektive, in: http//jer-zentrum.org/ViewArticle.aspx?ArticleId=137, S. 3 f., Internet vom 16.12.2008

[213] Charles W. Thayer, Guerillas und Partisanen. Wesen und Methodik der irregulären Kriegführung, München 1963, S. 19

[214] William Nester, Hearts, Minds and Hydras. Fighting Terrorism in Afghanistan, Pakistan, America, and Beyond – Dilemmas and Lessons, Washington, D.C., 2012, S. 39

schrittweise zu zermürben.²¹⁵ Das Dilemma liegt somit in den Umständen begründet, dass der Weg zu einem angestrebten Endzustand eines konsolidierten Friedens ein langfristiger Prozess ist, der über Dekaden oder gar über Generationen gehen kann, gleichzeitig aber die an einem Einsatz beteiligten Regierungen gezwungen sind, im eigenen Land für die oftmals kostspieligen und unpopulären Einsätze politische Unterstützung zu sichern.²¹⁶ Aus der Asymmetrie der Interessen, die auf der Asymmetrie der Kräfte gründet, folgt demnach eine Asymmetrie der Entschlossenheit, die schließlich eine Asymmetrie der Zeit bewirkt und die den Sieg der durchhaltefähigeren Schwachen bewirkt.²¹⁷ Dementsprechend wird in der Literatur immer wieder betont, dass reguläre gegenüber Irregulären Kräften wegen deren hohen Mobilität, Opferbereitschaft und politischer Entschlossenheit kaum etwas ausrichten könnten.²¹⁸ Henry Kissinger hatte seinerzeit – wohl am prägnantesten, wie van Creveld meint²¹⁹ – auch den kardinalen Grundsatz des Kleinkrieges postuliert: „[t]he guerrilla wins if he does not lose. The conventional army loses if it does not win."²²⁰ Hinter diesem Lehrsatz steht die Erkenntnis, dass die von ihrer Kampf-

---

²¹⁵ Florian Wätzel, Befähigung und Reform lokaler Sicherheitskräfte als strategische Notwendigkeit, in: Robin Schroeder, Stefan Hansen (Hrsg.), Stabilisierungseinsätze als gesamtstaatliche Aufgabe. Erfahrungen und Lehren aus dem deutschen Afghanistaneinsatz zwischen Staatsaufbau und Aufstandsbewältigung (COIN), Baden-Baden 2015, S. 149 ff.; 151

²¹⁶ Robin Schroeder, Über das Zusammenwirken von Sicherheit, Wiederaufbau und Entwicklung im Zusammenhang von Stabilisierungseinsätzen, in: Robin Schroeder, Stefan Hansen (Hrsg.), Stabilisierungseinsätze als gesamtstaatliche Aufgabe. Erfahrungen und Lehren aus dem deutschen Afghanistaneinsatz zwischen Staatsaufbau und Aufstandsbewältigung (COIN), Baden-Baden 2015, S. 65 ff.; 85

²¹⁷ Herfried Münkler, Felix Wassermann, Asymmetrische Kriege, in: Thomas Jäger (Hrsg.) Handbuch Sicherheitsgefahren, Wiesbaden 2015, S. 409 ff.; 411

²¹⁸ Wilfried von Bredow, Partisanen jenseits von Staatlichkeit, in: Europäische Sicherheit & Technik 2015, Heft 9, S. 13 ff.; 13

²¹⁹ Martin van Creveld, Gesichter des Krieges. Der Wandel bewaffneter Konflikte von 1900 bis heute, 2. Aufl., München 2009, S. 276

²²⁰ Henry A. Kissinger, The Vietnam Negotiations, in: Foreign Affairs, January 1969, S. 211 ff.; 214; vgl. Henry A. Kissinger, Memoiren. 1968-1973, München 1979, S. 253

kraft überlegenen konventionellen Kräfte auf der Zeitachse Gefahr laufen, sich gegenüber dem irregulären Gegenüber in der Tiefe des Raumes, einschließlich des Informationsraumes, zu verlieren und ins Leere zu laufen, indem sie trotz vielfach überlegener Kampfkraft letztendlich keinen ausschlaggebenden Gefechtswert entwickeln, welchen sie gegenüber den Irregulären entscheidend zur Wirkung bringen können. Die Grundidee konventioneller Streitkräfte zur Konzentration von Kräften, Raum und Zeit zur Schwerpunktbildung, um eine Entscheidung zu erzwingen, lässt der Irreguläre nicht zu, indem er sich dieser Entscheidung nicht stellt, weil sie seine – möglicherweise auch physische – Vernichtung besiegeln würde. Der Irreguläre vermeidet folgerichtig, dass der Gegner die Möglichkeit gewinnt, Schwerpunkte zu bilden, um die Entscheidung herbeizuführen. Also weicht der Irreguläre dieser Entscheidung aus und spielt auf Zeit, und die Zeit spielt für ihn. Die Zeit wird somit zum „Alliierten" der Insurgenten.[221] Demzufolge müssen Aufständische keine Schlachten gewinnen, sondern lediglich dafür sorgen, keine zu verlieren.[222] Anders ausgedrückt: Im Kleinen Krieg ist (militärischer) Sieg nicht mehr Sieg und (militärische) Niederlage nicht mehr Niederlage.[223] Ebenso lassen sich auch keine entsprechenden Siege als Erfolge deklarieren.[224] Dagegen müssen die Ordnungskräfte sichtbar und langandauernd Macht projizieren, um politischen Gestaltungsraum zu gewinnen.[225] Christopher Daase steigert Kissingers Diktum noch dahin, dass Irreguläre Kräfte ihre Kriege sogar strategisch verlieren und dennoch

---

[221] British Army (Hrsg.), Field Manuel Countering Insurgency, Volume 1, Part 10, October 2009, S. 1-15
[222] Stephan Maninger, Der Schattenkrieg – Ergänzungen zur „Counterinsurgency"-Debatte, in: ÖMZ 2013, S. 301 ff.; 303
[223] Stefan Goertz, Die Streitkräfte demokratischer Staaten in den Kleinen Kriegen des 21. Jahrhunderts. Analyse der doktrinären und organisationsstrukturellen Eignung der U.S.-Streitkräfte für die Counterinsurgency-Aufgaben Kleiner Kriege, Berlin 2012, S. 48
[224] Max Boot, Small Wars and the Rise of American Power. The Savage Wars of Peace, New York 2003, S. xiv
[225] Stephan Maninger, Der Schattenkrieg – Ergänzungen zur „Counterinsurgency"-Debatte, in: ÖMZ 2013, S. 301 ff.; 303

politisch erfolgreich sein können und belegt diese These mit dem Sieg der israelischen Armee über die PLO 1983 in Beirut, welcher nicht das Ende der PLO bedeutete, sondern zu ihrem Wiedererstarken in der ersten Intifada führte.[226] Der vormalige amerikanische Präsident George W. Bush hatte dementsprechend auch in einer ersten Reaktion auf die Anschläge vom 11. September 2001 darauf hingewiesen, dass der Kampf gegen die Attentäter und die dahinter stehenden Bewegungen keine kurzfristigen Aktionen mit raschem Ende sei: „… this war on terrorism is going to take a while."[227] [228] Wenngleich diese Auseinandersetzung zugleich die Ressourcen der Vereinigten Staaten umfassend beanspruchen werde,[229] bekommt insbesondere der Faktor Zeit also gerade im Rahmen der Aufstandsbekämpfung in seiner Dynamik eine besondere Bedeutung und steht der Ordnungsmacht und den Aufständischen geradezu diametral gegenläufig gegenüber. Im Ergebnis bedeutet dieses, dass Irreguläre Kräfte, welche den Aufstand als die schwächeren Akteure strategisch in der Defensive, aber taktisch in der Offensive führen[230], nicht in Schlachten siegen müssen, um Kriege zu gewinnen; ihnen genügt es, nicht zu verlieren, um am Schluss den Sieg davonzutragen.[231] Das schließt folgerichtig nicht aus, dass die Irregulären den politischen Sieg, auf den es letztendlich an-

---

[226] Christopher Daase, Clausewitz and Small Wars, in: Hew Strachan, Andreas Herberg-Rothe, Clausewitz in the Twenty-First Century, Oxford 2009, S. 182 ff.; 190
[227] George W. Bush, Today we mourn, tomorrow we work, in: http://georgewbush-whitehouse.archives.gov/news/releases/2001/09/20010916-2.html; Internet vom 03.11.2012
[228] Michael Rohschürmann, Die erste Dekade des Krieges gegen den Terror. Jihadistische Ideologie und die Grundsätze der frühen Sunna, in: ISPK (Hrsg.), Jahrbuch Terrorismus 2011/2012, Opladen, Berlin, Toronto 2012, S. 389 ff.; 389
[229] George W. Bush, Today we mourn, tomorrow we work, in: http://georgewbush-whitehouse.archives.gov/news/releases/2001/09/20010916-2.html; Internet vom 03.11.2012
[230] Christopher Daase, Sebastian Schindler, Clausewitz, Guerillastrategie und Terrorismus. Zur Aktualität einer missverstandenen Kriegstheorie, in: Politische Vierteljahresschrift, 2009, S. 701 ff.; 706
[231] Herfried Münckler, Asymmetrische Gewalt. Terrorismus als politisch-militärische Strategie, in: Merkur 2002, S. 1 ff; 2

kommt, erringen.²³² Dementsprechend sind derartige Auseinandersetzungen für die Ordnungsmacht allenfalls langfristig zu gewinnen und fordern einen hohen Preis.²³³ Auch hier findet die Lehre Clausewitz' wieder ihre Entsprechung: „Bei der absoluten Gestalt des Krieges, wo alles aus notwendigen Gründen geschieht, alles rasch ineinandergreift, kein, wenn ich so sagen darf, wesenloser neutraler Zwischenraum entsteht, gibt es wegen der vielfältigen Wechselwirkungen, die der Krieg in sich schließt, wegen des Zusammenhanges, in welchem, strenge genommen, die ganze Reihe der aufeinander folgenden Gefechte steht, wegen des Kulminationspunktes, den jeder Sieg hat, über welchen hinaus das Gebiet der Verluste und Niederlagen angeht, wegen aller dieser natürlichen Verhältnisse des Krieges, sage ich, gibt es nur einen Erfolg, nämlich den Enderfolg. Bis dahin ist nichts entschieden, nichts gewonnen, nichts verloren. Hier ist es, wo man unaufhörlich sagen muss: das Ende krönt das Werk. In dieser Vorstellung ist also der Krieg ein unteilbares Ganze[s], dessen Glieder (die einzelnen Erfolge) nur Wert haben in Beziehung auf dies Ganze."²³⁴ Daher ist es von entscheidender Bedeutung, dass sich die politisch-strategische Ebene bereits vor Beginn eines Einsatzes auf den zu erreichenden Endzustand geeinigt hat und diesen definiert. Kissinger hatte bereits in Bezug auf den Vietnam-Krieg die Überzeugung gewonnen, dass militärische „Siege" im Kampf gegen Irreguläre bedeutungslos wären, wenn sie keine politische Realität erzeugten, die von Bestand ist.²³⁵ Dementsprechend hatte Clausewitz gewarnt: „Man fängt keinen Krieg an, oder man sollte vernünftiger Weise keinen anfangen, ohne sich zu sagen was man mit und was man in demsel-

---

²³² Christopher Daase, Sebastian Schindler, Clausewitz, Guerillastrategie und Terrorismus. Zur Aktualität einer missverstandenen Kriegstheorie, in: Politische Vierteljahresschrift, 2009, S. 701 ff.; 706
²³³ Hans-Georg Erhard, Roland Kästner, Aufstandsbekämpfung, Konzept für Deutsche Sicherheitspolitik? Lehren aus Afghanistan, in: Hamburger Informationen zur Friedensforschung und Sicherheitspolitik, Ausgabe 48, 2010, S. 3
²³⁴ Carl von Clausewitz, Vom Kriege, in: Werner Hahlweg (Hrsg.), Hinterlassenes Werk des Generals von Clausewitz, 16. Aufl., Bonn 1952, S. 71 ff.; 854
²³⁵ Henry A. Kissinger, Memoiren. 1968-1973, München 1979, S. 253

ben erreichen will ...."[236] Für Erfolge im Sicherheitssektor bedarf es daher in der Regel einen langen Atem, viel Zeit und Geduld.[237] Dieses gilt auch wenn eingewandt wird, dass ein solcher Standard in der Praxis nicht durchzuhalten sei, weil im komplexen Militärisch-Politischen die Durchsetzung von Macht selbst die Optionen verändere.[238] Insofern stehen auch die Faktoren Raum und Zeit wiederum in einem besonderen Verhältnis. Während Raum und Zeit aufeinander wirken, entsteht ein Zustand der Spannung, die sich entweder löst, wenn der Aufstand an einigen Stellen erstickt wird oder die zu einer Krise führt, wenn die Kräfte der Ordnungsmacht genötigt werden, das Land zu räumen.[239] Demzufolge kommt der Geduld im Spannungsfeld zum Faktor Zeit eine strategische Bedeutung für den Erfolg zu. Geduld, das heißt die Erwartung auf eine Verbesserung der objektiven und subjektiven Sicherheitslage im Raum, welche eine wirtschaftliche Stabilisierung und Entwicklung mit der erkennbaren Möglichkeit der Verbesserung der allgemeinen Lebensverhältnisse zulässt, ist ein Faktor, der sowohl auf der Seite der politischen und militärischen Verantwortlichen, aber auch vor allem auf der Seite der Bevölkerungen –

---

[236] Carl von Clausewitz, Vom Kriege, in: Werner Hahlweg (Hrsg.), Hinterlassenes Werk des Generals von Clausewitz, 16. Aufl., Bonn 1952, S. 71 ff.; 850
[237] Erich Vad, Asymmetrischer Krieg als Mittel der Politik, in: Thomas Jäger, Rasmus Beckmann (Hrsg.), Handbuch Kriegstheorien, Wiesbaden 2011, S. 586 ff.; 591; vgl. Stefan Goertz, Die Streitkräfte demokratischer Staaten in den Kleinen Kriegen des 21. Jahrhunderts. Analyse der doktrinären und organisationsstrukturellen Eignung der U.S.-Streitkräfte für die Counterinsurgency-Aufgaben Kleiner Kriege, Berlin 2012, S. 48; Klaus Jochen Arnold, Ius in bello und Guerillakrieg, in: Die Politische Meinung, April 2011, S. 50 ff.; 53; Florian Wätzel, Befähigung und Reform lokaler Sicherheitskräfte als strategische Notwendigkeit, in: Robin Schroeder, Stefan Hansen (Hrsg.), Stabilisierungseinsätze als gesamtstaatliche Aufgabe. Erfahrungen und Lehren aus dem deutschen Afghanistaneinsatz zwischen Staatsaufbau und Aufstandsbewältigung (COIN), Baden-Baden 2015, S. 149 ff.
[238] Wesley K. Clark, Waging Modern War. Bosnia, Kosovo and the Future of Combat, New York 2001, S. 167
[239] Dietmar Schössler, Die „Reichweite" der Clausewitzschen Kategorien bei der Analyse des modernen bewaffneten Konflikts, in: DSS (Hrsg.), Clausewitz- und Engels-Forschung mit Blick auf eine europäische Strategie- und Militärwissenschaft für die neunziger Jahre. (Werkstattgespräche), Heft 4, 1990, S. 144 ff.; 147

der im Aufstandsgebiet sowie der Bevölkerungen der Ordnungsmächte – vorhanden sein und aufrechterhalten werden muss, aber nicht überstrapaziert werden darf. Erfolge müssen sichtbar gemacht werden, Misserfolge müssen erklärt werden, Enttäuschungen sind zu verhindern. Die Menschen müssen sehen, dass es ihnen besser geht, dass sie auf dem rechten Weg sind. Nur dann werden sie Rückschläge hinnehmen, sich dem Zugriff der Insurgenten widersetzen und die Maßnahmen der Ordnungsmacht mittragen. Die Durchhaltefähigkeit und der Durchhaltewillen der Ordnungsmacht als dem Gegenüber und vor allem die Belastbarkeit der Bevölkerung der Ordnungsmacht werden hierdurch gleichfalls herausgefordert und strapaziert. Es fällt schwer, Erfolge erkennbar zu machen und zu erklären sowie eigene Verluste zu rechtfertigen. Hieraus ergibt sich für den „Starken" das Paradoxon, den „Schwachen" zu schlagen. Zum Erfolg zu kommen sollte zunächst augenscheinlich nicht aussichtslos sein; dieses allerdings mit einem Maximum an Effektivität und einem Minimum an Verlusten von Menschenleben zu erreichen, stellt die besondere Herausforderung dar.[240] Die Asymmetrie durch die Ordnungsmacht zum eigenen Vorteil umzukehren, indem die eigenen Hightech-Stärken gegen die Schwächen des Gegners ausgespielt werden,[241] kann nur bedingt erfolgreich sein. Es mag den konventionellen Kräften sehr wohl gelingen, eine zeitliche und örtliche Überlegenheit zu entwickeln und auch Schlüsselgelände zu kontrollieren; da sich die Irregulären auf Grund ihrer kräftemäßigen Unterlegenheit keiner endgültigen Entscheidung stellen, ziehen sie sich in die Tiefe des Raumes zurück und weichen weiter aus, sobald die konventionellen Kräfte nachstoßen. Der Verlust von Territorium bedeutet somit für sie nicht zwingend eine Niederlage; sie sickern wieder in einen Raum ein, sobald sich die Kontrolle der Sicherheitskräfte lockert.[242] Ihre Rückkehr pro-

---

[240] Nigel Howard, Confrontation Analysis. How to Win Operations Other Than War, Washington 1999, S. 6
[241] vgl. Josef Joffe, Falsche Reflexe, in: DIE ZEIT vom 22. April 2010, S. 1
[242] Inspekteur des Heeres, Handlungsempfehlungen zur Aufstandsbewältigung. Handreichung für Truppenführer, Strausberg, 18. März 2013, S. 1; vgl. Florian Wätzel, Befähigung und Reform lokaler Sicherheitskräfte als strategische Notwen-

pagieren sie dann – vor allem gegenüber der Bevölkerung – als „Sieg" über die vermeidlich überlegenen Kräfte der Ordnungsmacht. Und oftmals gelingt es den Irregulären, im Raum unterzutauchen und sich zu verstecken, so dass sie diesen tatsächlich gar nicht verlassen müssen. Dabei verbergen sie sich häufig in der Masse der zumindest unbeteiligt erscheinenden Bevölkerung. Die Irregulären Kräfte sind kaum sichtbar, identifizierbar und noch weniger greifbar. Damit zwingen sie die konventionellen Kräfte ihres Gegenübers zur räumlichen und kräftemäßigen Überdehnung, welche nur zeitlich begrenzt aufrecht erhalten werden kann, und nötigen sie daher dazu, sich wieder zurückzuziehen, um in diesem eigenen Schwächemoment nicht selber empfindliche Schläge oder gar Niederlagen, verbunden mit den entsprechenden Verlusten an Menschen und Material – aber vor allem an Image und Prestige –, sowie an Moral und Vertrauen in die militärische und politische Führung zu erleiden. Mithin kann die Präsenz im Raum nur punktuell und allenfalls zeitlich begrenzt aufrechterhalten werden. Dann müssen die konventionellen Kräfte wieder aus den Teilen des Konfliktraums ausweichen, die sie nicht vollständig und umfassend beherrschen. Damit entsteht ein Kräftevakuum. In dieses Kräftevakuum stoßen die Irregulären immer wieder vor. Dieses Spiel können sie unendlich lange wiederholen; die konventionellen Kräfte verlieren an Glaubwürdigkeit gegenüber der Bevölkerung im Raum, die – angesichts drohender Repressalien durch die Irregulären – nicht lange gewillt sein wird, sie zu unterstützen. Gleichzeitig führt die Situation zur Frustration bei den konventionellen Kräften und bei der Bevölkerung der entsendenden Staaten, welche angesichts ausbleibender Erfolge die Unterstützung für die Einsätze aufgibt und letztendlich entzieht. Damit entsteht nicht nur eine kräftemäßige Abnutzung durch die erlittenen Verluste, sondern – und das ist entscheidend – eine Abnutzung der Moral und des Willens der eigenen Bevölkerung sowie – damit unmittelbar einhergehend – der Verlust an

---

digkeit, in: Robin Schroeder, Stefan Hansen (Hrsg.), Stabilisierungseinsätze als gesamtstaatliche Aufgabe. Erfahrungen und Lehren aus dem deutschen Afghanistaneinsatz zwischen Staatsaufbau und Aufstandsbewältigung (COIN), Baden-Baden 2015, S. 149 ff.; 151

politischer Unterstützung auch derer, welche die Soldaten dorthin entsendet haben. Das erste strategische Ziel der Irregulären Kräfte sind demnach nicht die Streitkräfte der Ordnungsmacht, sondern die Bevölkerung als Träger des politischen Willens; das meint sowohl die die Bevölkerung auf der Seite der Aufständischen als auch den Willen der Bevölkerung der intervenierenden Kräfte.[243] Der Vertrauensverlust in die Überlegenheit der eigenen, hoch und modern ausgebildeten und ausgerüsteten Streitkräfte sowie insbesondere ihre technische und technologische Überlegenheit bzw. die einsetzende Ernüchterung sowie die Erkenntnis der Unzulänglichkeiten wirken angesichts mangelnder Wirkungsüberlegenheit auf diesen Prozess noch einmal katalysierend und verstärkend. Schlussendlich werden die Kräfte dann irgendwann endgültig aus dem Konflikt zurückgezogen. Aufstandsbekämpfung ist daher auch eine höchst komplexe, ressourcenintensive und langwierige Anstrengung.[244] Ein weiteres strategisches Ziel des Aufstands besteht demzufolge darin, ein bestimmtes Territorium dadurch unregierbar zu machen, dass die politischen, militärischen, wirtschaftlichen und sozialen Kosten für den staatlichen Akteur zu hoch werden, um den Kampf gegen die Irregulären Kräfte weiterzuführen[245], und er somit die Aufstandsbekämpfung auf Grund der zu hohen eigenen politischen Kosten aufgeben muss. Das strategische Ziel der Irregulären Kräfte im Kleinkrieg ist somit nicht, die Schwächung bzw. Vernichtung der gegnerischen Streitkräfte.[246] Alderson weist

---

[243] Christian Malis, Unconventional Forms of War, in: Julian Lindley-French, Yves Boyer (Hrsg.), The Oxford Handbook of War, Oxford 2014, S. 185 ff.; 187

[244] Milan Vego, Feldzugsplanung zur Counterinsurgency, in: ÖMZ 2008, S. 151 ff.; 153; vgl. Alexander Alderson, US COIN Doctrine and Practice: An Ally's Perspective, in: Parameters, Winter 2007-08, S. 33. ff.; 33

[245] Stefan Goertz, Die Streitkräfte demokratischer Staaten in den Kleinen Kriegen des 21. Jahrhunderts. Analyse der doktrinären und organisationsstrukturellen Eignung der U.S.-Streitkräfte für die Counterinsurgency-Aufgaben Kleiner Kriege, Berlin 2012, S. 51

[246] Stefan Goertz, Die Streitkräfte demokratischer Staaten in den Kleinen Kriegen des 21. Jahrhunderts. Analyse der doktrinären und organisationsstrukturellen Eignung der U.S.-Streitkräfte für die Counterinsurgency-Aufgaben Kleiner Kriege, Berlin 2012, S. 54; vgl Christian Malis, Unconventional Forms of War, in: Julian

somit zu Recht darauf hin, dass Aufstandsbekämpfung zudem vor allem der Unterstützung der eigenen Bevölkerung und einer politischen Entschlossenheit bedarf.[247] Mithin ist das Entscheidende an Counterinsurgency-Einsätzen die unterschiedliche Zeitperspektive auf der Seite der Irregulären und den Ordnungskräften. Die Zeit arbeitet für die Aufständischen und gegen die Ordnungskräfte. Hier greifen dann die existentiellen Selbsterhaltungsmechanismen der Politik, die langes Engagement mit mehr oder weniger hohen Verlusten an Menschenleben nicht aushält, weil ihre Bevölkerungen diese Kosten nicht mittragen, oder weil die Politik glaubt, dass sie ihren Völkern diese Belastungen nicht zumuten darf. Insofern unterliegen Counterinsurgency-Einsätze besonderen politischen Mechanismen, denen außen- und innenpolitische Einflussfaktoren zu Grunde liegen.[248]

Counterinsurgency und die autochthone(n) Bevölkerung (en)

Alle Formen von Kriegen, also auch alle Aufstände beginnen mit einer Idee[249], kommen also nicht aus dem Nichts und entstehen nicht ohne Grund. Wenn die Gründe für eine Insurrektion Zünd- und Brennstoff eines Feuers sind, so ist die Unterstützung der Bevölkerung der Sauerstoff der die Flamme am Leben erhält und den Prozess katalysiert. Nach anglo-amerikanischem Verständnis wird die Bevölkerung als Gravitationszentrum (Center of Gravity) in einem Auf-

---

Lindley-French, Yves Boyer (Hrsg.), The Oxford Handbook of War, Oxford 2014, S. 185 ff.; 187
[247] Alexander Alderson, US COIN Doctrine and Practice: An Ally's Perspective, in: Parameters, Winter 2007-08, S. 33. ff.; 33
[248] Dirk Freudenberg, Counterinsurgency als Phase zur Überwindung schwacher Staatlichkeit und zur Etablierung einer stabilen Nachkriegsordnung, in: Martin H.W. Möllers, Robert Chr. van Ooyen (Hrsg.), Jahrbuch Öffentliche Sicherheit 2012/2013, Frankfurt 2013, S. 285 ff., 299
[249] G.L. Lamborn, The People in Arms. A Practitioner's Guide to Understanding Insurgency and Dealing with effectively, o.OA, 2006, S. 11

stand verstanden.[250] Alle Aufstände sind inmitten der Bevölkerung ausgetragene Kriege.[251] Der Schutz der Bevölkerung ist dabei eine wesentliche Voraussetzung.[252] Irreguläre Kräfte beabsichtigen, durch ihre Aktionen Repressalien der Ordnungsmacht zu provozieren, die sich gegen die Bevölkerung richten, die vermeintlich oder auch tatsächlich die Aufständischen unterstützt.[253] Durch so einen Kreislauf wird ein Umfeld geschaffen, in dem sich die Bevölkerung unsicher fühlt und welches es der zivilen Bevölkerung unmöglich macht, unter der Bedrohung von Terror mit den Sicherheitskräften zusammen zu arbeiten und Informationen preiszugeben.[254] Sir Michael Howard weist mit Blick auf den Irak-Krieg 2003 darauf hin, dass es nicht lediglich ausreiche, gegnerische Armeen zu schlagen, sondern es müsse den Völkern auch das militärische Potential genommen werden; ansonsten wäre die Niederlage der Armee die Anfangsphase eines Aufstandes, der als „Volkskrieg" postuliert werde.[255] Gegenüber der Bevölkerung dürfen die Sicherheitskräfte auf keinen Fall als Besatzer und Unterdrücker erscheinen, sondern müssen klar erkennbar die Rolle des Beschützers und Verteidigers einnehmen. Diese Rolle muss vor allem feststellbar und dauerhaft gegen die Irregulären Kräfte ausgerichtet sein. Dabei ist das Verhalten des einzelnen Angehörigen der

---

[250] James S. Corum, Fighting the War on Terror. A Counterinsurgency Strategy, St. Paul, MN, 2007, S. 27

[251] David A. Petraeus, James A. Amos, Vorwort, in: Headquarters Department of the Army, Counterinsurgency. Aufstandsbekämpfung, Deutsche Übersetzung, Field Manual No: 3-24, Marine Corps Warfighting Publication 3-33.5, 15. Dezember 2006, vor S. i

[252] John A. Nagl, Foreword, in: David Galula, Counterinsurgency Warfare, Theory and Practice, Westport, Connecticut, London, 2006 S. vii ff.; viii; vgl. Stanley A. McChrystal, ISAF Comander's Counterinsurgency Guidance, S. 4

[253] Thomas R. Mockaitis, Resolving Insurgencies, SSI, June 2011, S. 9

[254] James R. Arnold, Jungle of Snakes. A Century of Counterinsurgency Warfare from the Philippines to Iraq, New York 2010, S. 255

[255] Michael Howard, Foreword, in: James S. Corum, Fighting the War on Terror. A Counterinsurgency Strategy, St. Paul, MN, 2007, S. 7 ff.; 9; *Zur Bewertung der sicherheitspolitischen Folgen und zur Lage im Irak vergleiche:* Stephan Maninger, Die Fragmentierung des Iraks und ihre sicherheitspolitischen Auswirkungen, in: ÖMZ 2015, S. 418 ff.

Sicherheitskräfte bis hin zum Einzelschützen auf der untersten taktischen Ebene im Kleinen Krieg von ganz evidenter Bedeutung. Das individuelle Leid, das dem einzelnen Angehörigen der Bevölkerung durch Fehlverhalten – individuelles Versagen oder gar Verbrechen – oder auch grundsätzlich völkerrechtlich zulässige Kollateralschäden zugeführt wird ist, für diesen persönlich immer – im Kleinen Krieg genauso wie im großen Krieg – tragisch. Doch während Vieles von diesem Leid im großen Krieg zumindest im Ergebnis relativiert oder negiert wird und so jedenfalls für den Ausgang und das Ergebnis selbst ohne (kriegs-)entscheidende Bedeutung ist, so kann das individuelle Fehlverhalten des Einzelnen im Kleinen Krieg entscheidende Bedeutung für den Verlauf und das Ergebnis desselben entfalten. Die Irregulären Kräfte werden im Gegenzug ihrerseits alles daran setzen, die staatliche Ordnungsmacht zu desavouieren und die Moral sowie das Durchhaltevermögen der internationalen Unterstützer zu brechen und diese als „Besatzer" zu diskreditieren.[256] Für die Irregulären ist die Bevölkerung eine wichtige Quelle der Unterstützung.[257] Es ist eine wesentliche Grundvoraussetzung für den Erfolg, das Konfliktgebiet zu isolieren, um die Unterstützung der Aufständischen von außen zu unterbinden oder zumindest stark einzuschränken.[258] Die Isolation umfasst nicht nur die taktische Ebene im Einsatzraum, sondern muss auch strategisch durch diplomatische Bemühungen und Einwirkungen auf Staaten und Organisationen, welche die Insurgenten unter-

---

[256] vgl. Inspekteur des Heeres, Handlungsempfehlungen zur Aufstandsbewältigung. Handreichung für Truppenführer, Strausberg, 18. März 2013, S. 3
[257] George Melnyk, Canada and Afghanistan: Peacemaking as Counterinsurgency Warfare – A Conflict in Terms, in: Ursula Mathis-Moser (Hrsg.), Resposible to Protect. Peacekeeping, Diplomacy, Media and Literature responding to Humanitarian Challenges, Innsbruck 2012, S. 115 ff.; 121; Jeffrey Record, Beating Goliath. Why Insurgencies Win, Washington D.C., 2009
[258] vgl. Anthony James Joes, Resisting Rebellion, The History and Politics of Counterinsurgency, Lexington, Kentucky 2006, S. 236; vgl. Thorsten Knoll, Counter-Insurgency (k)ein Aufgabenfeld für die Bundeswehr?, in: Das schwarze Barett, 2011, Heft 44, S 20 ff.; 21 f.; vgl. John M. Collins, Military Strategy. Principles, Practices, and historical Perspectives, Washington, D.C.2008, S. 181 f.

stützen, verstärkt und abgesichert werden.[259] Für isoliert operierende Aufständische sind die Erfolgschancen eher gering.[260] Umgekehrt ist ein Aufstand auch nicht effektiv ohne die Unterstützung der Bevölkerung zu bekämpfen.[261] Es kommt also in der Auseinandersetzung mit den Insurgenten ganz besonders darauf an, stets die Bevölkerung zu gewinnen, um so einen Keil zwischen Bevölkerung und Insurgenten zu treiben und den Rückhalt der Insurgenten in der Bevölkerung nachhaltig zu beseitigen.[262] Für die strategische Ebene geht es zunächst einmal nicht wirklich darum, dass jeder Anschlag Irregulärer Kräfte unbedingt zu jeder Zeit an jedem Ort verhindert wird; es kommt vielmehr darauf an, die politischen Umstände in der Region so zu verändern, dass die extremsten Elemente des Aufstandes – also jene, die nicht und unter keinen Umständen bereit sind, ihre irregulären Aktivitäten aufzugeben – marginalisiert werden.[263] Das bedeutet insbesondere deswegen eine große Herausforderung, weil dieses eine große politische Bereitschaft und ein entsprechendes staatliches Bekenntnis hierzu erfordert.[264] Weiterhin muss die Aufstandsbewegung physisch und psychologisch von der Bevölkerung isoliert werden, um ihr die personelle, materielle und die informatorische, nachrichtendienstliche Unterstützung zu entziehen.[265] Erst wenn das grundlegend gelingt, verliert die Aufstandsbewegung ihre unerlässliche Bewegungs-

---

[259] Thorsten Knoll, Counter-Insurgency (k)ein Aufgabenfeld für die Bundeswehr?, in: Das schwarze Barett, 2011, Heft 44, S 20 ff.; 22
[260] Robert Bossard, Die Gesetze von Politik und Krieg, Bern, Stuttgart 1990, S. 532
[261] James S. Corum, Fighting the War on Terror. A Counterinsurgency Strategy, St. Paul, MN, 2007, S. 27
[262] AG JACOP, Positionspapier Counterinsurgency (COIN). Beitrag der Landstreitkräfte, Februar 2011, S. 16
[263] vgl. Anders Fogh Rasmussen, The Taliban is hitting, but not winning, in: International Harald Tribune vom 25. Mai 2010, S. 8
[264] Anthony James Joes, Resisting Rebellion, The History and Politics of Counterinsurgency, Lexington, Kentucky 2006, S. 236
[265] Department of the Army, U.S. Army Counterguerrilla Operations Handbook, Guilford, Connecticut 2004, S. 1-5; vgl. Stanley A. McChrystal, ISAF Comander's CounterinsurgencyGuidance, S. 4

freiheit und wird marginalisiert, um sukzessive zu erlöschen.[266] Eine besondere Herausforderung besteht darin, dass die Bevölkerung oftmals nicht aus einem homogenen, ethnisch, religiös und kulturell einheitlichen Volk besteht, sondern aus einer Vielzahl heterogener Völkerschaften und autochthonen Minderheiten, welche häufig ihrerseits territorialen und räumlichen Verwerfungen ausgesetzt sind, was wiederum zu Spannungen führt.[267]

COIN als umfassender Ansatz

Bei der Aufstandsbekämpfung kommt es nicht allein auf den bewaffneten Kampf gegen Irreguläre Kräfte an. Denn mit militärischen Mitteln allein lassen sich Aufstände nicht besiegen.[268] Technische Lösungen können keinen Beitrag dazu leisten, „die Herzen und den Verstand der Bevölkerung" zu gewinnen.[269] Der Zweck einer Aufstandsbekämpfung ist letztendlich ein nichtmilitärischer.[270] Die Herstellung von Sicherheit für die Bevölkerung muss daher in einem umfassenden Sinne verstanden werden. Counterinsurgency ist heute bei weitem kein operatives oder taktisches Konzept für den Einsatz von Streitkräften mehr – Counterinsurgency beschreibt vielmehr eine ressortübergreifende, also gesamtstaatliche, langfristige Strategie zur Stabilisierung einer Krisenregion.[271] Konkret bedeutet das: Der Erhalt,

---

[266] Klaus Jochen Arnold, Ius in bello und Guerilakrieg, in: Die Politische Meinung, April 2011, S. 50 ff.;
[267] Dirk Freudenberg, Counterinsurgency als Phase zur Überwindung schwacher Staatlichkeitund zur Etablierung einer stabilen Nachkriegsordnung, in: Martin H.W. Möllers, Robert Chr. van Ooyen (Hrsg.), Jahrbuch Öffentliche Sicherheit 2012/2013, Frankfurt 2013, S. 285 ff., 300
[268] Lawrence H. Keeley, War before Civilisation, New York, Oxford 1996, S. 80
[269] Rob de Wijk, Hybrid Conflict and the changing Nature of Actors, in: Julian Lindley-French, Yves Boyer (Hrsg.), The Oxford Handbook of War, Oxford 2014, S. 358 ff.; 362
[270] vgl. Milan Vego, Feldzugsplanung zur Counterinsurgency, in: ÖMZ 2008, S. 151 ff.; 153
[271] NN., Vorwort, in: Heeresamt, Vorläufiger Beitrag von Landstreitkräften zur Herstellung von Sicherheit und Ordnung in Krisengebieten, Köln Juni 2010, vor S. 1; vgl. Stefan Jungbauer, Von den Klassikern zum modernen Konzept: Das „Coun-

Wiederaufbau und die Schaffung der für die Aufrechterhaltung und Verbesserung der Lebensumstände notwendigen Infrastrukturen sowie deren Schutz als Grundlage für die öffentliche Daseinsvorsorge ist eine entscheidende Voraussetzung, um der Bevölkerung auch eine wirtschaftliche Perspektive auf Aus- und Fortkommen zu entwickeln. Insofern müssen diese Infrastrukturen auch als Kritische Infrastrukturen eingestuft werden. Daher werden diese Kritischen Infrastrukturen zum Ziel für die Irregulären, um die Situation der Bevölkerung zu destabilisieren, sie zu verunsichern und ihr Vertrauen in die Fähigkeiten der Ordnungsmacht zu erschüttern. Die Verletzlichkeit der Kritischen Infrastrukturen und damit die Verwundbarkeit der Ordnungsmacht wurden bereits in früheren Konzepten zur Aufstandsbekämpfung erkannt.[272] Allerdings nimmt die Bedeutung dieser Infrastrukturen für die Versorgungssicherheit in dem Maße zu, wie die Gesellschaften entwicklungsmäßig, ökonomisch und wirtschaftlich voranschreiten und dementsprechend zunehmend hiervon in ihrer Existenz sowie ihrem Wohlstand abhängig sind. Allerdings versagt militärische Hochtechnologie, wenn sie auf einen zu allem entschlossenen Gegner trifft, der die asymmetrische Auseinandersetzung sucht und die Schwachstellen moderner Industriegesellschaften im Visier hat.[273] Folglich muss die Ordnungsmacht alles daran setzen, diese Grundlagen der öffentlichen Daseinsvorsorge zu schützen und in den Augen der Bevölkerung Garant für den Schutz der Kritischen Infrastrukturen und der gesamten öffentlichen Ordnung – einschließlich einer funktionierenden Verwaltung – sein. Eben dieses Vertrauen gegenüber den Ordnungskräften entzieht den Irregulären den Rückhalt sowie die freiwillige Unterstützung der Bevölkerung und führt zu deren Isolation. Eine Isolierung bedeutet für die Irregulären häufig

---

terinsurgency Field Manuel" der US-Streitkräfte und seine militärpolitische Bedeutung, in: Martin Sebaldt, Alexander Straßner (Hrsg.), Aufstand und Demokratie. Counterinsurgency als normative und praktische Herausforderung, Wiesbaden 2011, S. 147 ff.; 147

[272] Sir Robert Thompson, Defeating Communist Insurgency. Experiences from Malaya and Vietnam, London 1962; S. 41

[273] Erich Vad, Asymmetrischer Krieg als Mittel der Politik, in: Thomas Jäger, Rasmus Beckmann (Hrsg.), Handbuch Kriegstheorien, Wiesbaden 2011, S. 586 ff.; 587

dann den Anfang vom Ende. Aus der Sicht der Irregulären ist es daher zwingend erforderlich, einer solchen Entwicklung offensiv entgegenzutreten. Demzufolge werden zivile Repräsentanten und humanitäre Helfer zum Ziel Irregulärer Kräfte. Mithin gibt es oftmals keine Alternative dazu, Hilfe durch das Militär zur Verfügung zu stellen[274] und die Versorgung der Bevölkerung aktiv zu schützen. Dieses erfordert aber dauerhafte Präsenz militärischer Kräfte im Raum, um diesen Schutz aufrecht zu erhalten und vor allem das Vertrauen der Bevölkerung in eine Stabilisierung der kollektiven und individuellen Sicherheitssituation zu gewinnen und zu erhalten. Allerdings ist es nicht zwingend Ziel führend, Maßstab und Parameter des Zustandes öffentlicher Daseinsvorsorge weder inhaltlich noch in seiner Intensität entsprechend westlicher Standards unterschiedslos und unangepasst auf alle geopolitischen und regionalen Kontexte zu übertragen und die sich hieraus ableitenden Begriffe der gesellschaftlichen wie auch der individuellen Sicherheit sowie das jeweilige subjektive Sicherheitsempfinden gleichzusetzen. Daher kritisiert Rudolf auch die Modernisierungstheorien, welche in den fünfziger und sechziger Jahren die Sozialwissenschaften dominierten, welche von einer Dichotomie traditionaler und moderner Gesellschaften ausgingen und welche das Modell einer linearen Entwicklung von traditionalen zu modernen Gesellschaften postulierten.[275] Allerdings obliegen diesen Theorien verschiedene sachliche und methodische Schwächen. Insbesondere die Beurteilung fremder Gesellschaften nach den Wertmaßstäben der eigenen Gesellschaftsordnung beinhaltet ein unzulässiges Werturteil und verallgemeinert die sehr spezifischen Entwicklungswege westlicher Gesellschaften, insbesondere der USA, zum vermeintlich universal gültigen Modell; dabei sind die Modernisierungsprozesse der Dritten Welt durch eine Vielzahl unterschiedlicher Ausgangslagen, Ver-

---

[274] Edward Burke, Leaving the Civilians Behind. The "Soldier-diplomat" in Afghanistan and Iraq, in: PRISM 1, No. 2,
http://www.ndu.edu/press/lib/images/prism1-2/3_Prism_27-46_Burke.pdf;
Internet vom 07.03.2011, S. 27 ff.; 28
[275] Peter Rudolf, Zivil-militärische Aufstandsbekämpfung. Analyse und Kritik der Counterinsurgency-Doktrin, SWP-Studie, S 2, Berlin, Januar 2011, S. 9

laufsformen und Bezugspunkte bestimmt.[276] Die Modernisierungstheorie geht zudem davon aus, dass Entwicklungs- und Transformationsgesellschaften allmählich von der Logik moderner demokratischer Rechtsstaatlichkeit eingeholt werden und es sich somit bei begrenzter Staatlichkeit um ein defizitäres Übergangsphänomen statt um eine Ausgangsbedingung des Regierens handelt.[277] Allerdings wird mit dieser verengten Perspektive übersehen, dass sich in Räumen begrenzter Staatlichkeit andere Formen des Regierens herausbilden können, welche Formen traditioneller Herrschaft mit modernen Regierungsarten verbinden können[278] und dementsprechend auch traditionale Instrumente und Institutionen übernehmen. Es sind also nicht nur „fortschrittliche" Bewegungen, welche durch ihren Aufstand Gesellschaften transformieren wollen, sondern durchaus auch „restaurative" Ansätze, welche den status quo ihrer Lebens- und Gesellschaftsform beibehalten bzw. wiederherstellen wollen und sich daher allen „modernen" gesellschaftlichen Ordnungsansätzen als „Bewahrer" aktiv entgegenstellen.[279] Folglich bedarf es auch hier einer differenzierten Betrachtung, welche die jeweiligen besonderen Gegebenheiten berücksichtigt. Dennoch darf davon ausgegangen werden, dass es – unabhängig von den jeweiligen sozio-ökonomischen und ethnopolitischen Ausdifferenzierungen – in allen menschlichen Gesellschaftsformen darauf ankommt, die Grundlagen für das eigene Überleben und das Überleben der engeren und weiteren sozialen Gruppe zu gewährleisten und sicherzustellen sowie die jeweiligen Lebensumstän-

---

[276] Klaus-Georg Riegel, Modernisierungstheorien, in: Dieter Nohlen (Hrsg.), Lexikon der Politik, Bd. 1, Politische Theorien, München 1995, S. 349 ff.; 350 f.
[277] Thomas Risse, Begrenzte Staatlichkeit und neue Governance-Strukturen, in: Josef Braml, Thomas Risse, Eberhard Sandschneider (Hrsg.), Einsatz für den Frieden. Sicherheit und Entwicklung in Räumen begrenzter Staatlichkeit. Jahrbuch Internationale Politik, Bd. 28, München, 2010, S. 23 ff.; 28
[278] Thomas Risse, Begrenzte Staatlichkeit und neue Governance-Strukturen, in: Josef Braml, Thomas Risse, Eberhard Sandschneider (Hrsg.), Einsatz für den Frieden. Sicherheit und Entwicklung in Räumen begrenzter Staatlichkeit. Jahrbuch Internationale Politik, Bd. 28, München, 2010, S. 23 ff.; 28
[279] vgl. G.L. Lamborn, The People in Arms. A Practitoner's Guide to Understanding Insurgency And dealing with effectively, o.OA, 2006, S. 16 f.

de dauerhaft zu verbessern. Im Zusammenhang mit diesen Überlegungen tritt die Bedeutung konventioneller militärischer Fähigkeiten mitunter hinter anderen Fähigkeiten zurück; sie werden gleichwohl nicht bedeutungslos, sondern militärische Instrumente sind in das Gesamtorchester umfassender Werkzeuge zu integrieren und mit diesen zu synchronisieren. Dieses bedeutet, dass der militärische Fokus, einen maximalen Gebrauch militärischer Kräfte zu implementieren, sich verändert.[280]

Das Einwirken auf den Interessierten Dritten

Jeffrey Record hat ausgeführt, dass Staaten den Aufständischen unterliegen, weil es ihnen an einer Kombination von überlegenem politischem Willen, überlegener Kriegsstrategie sowie der Fähigkeit fehle, die Insurgenten von externer Unterstützung zu isolieren.[281] Insofern wird deutlich, dass im Umkehrschluss für eine erfolgreiche Insurgenz die Unterstützung fremder Akteure existenziell ist. Auch der Interessierte Dritte[282] darf daher bei der Betrachtung der Wirksamkeit von Aufstandsbekämpfungskonzeptionen auf keinen Fall vernachlässigt werden. Die bislang bekannten Konzeptionen zur Bekämpfung Irregulärer Kräfte fokussieren in ihren Betrachtungen im Schwerpunkt auf den direkten Gegner oder auf den Ansatz von „Hearts and Minds". Der Interessierte Dritte wird in diesen Überlegungen nahezu vollständig außer Betracht gelassen. Das betrifft die strategische Ebene, wie vor allem auch die operative und taktische Ebene. Insofern kommen nicht nur fremde Staaten bzw. externe staatliche Akteure als Interessierte Dritte in Frage. Auch rivalisierende Gruppierungen sowie (bisher) unterdrückte autochthone Minderheiten könnten hier

---

[280] Matthew Ince, Counterinsurgency: Falling Short of the Comprehensive Approach in Afghanistan, in: http://smallwarsjournal.com/blog/journal/docs-temp/653-ince.pdf, S. 1; Internet vom 23.01.2011

[281] Jeffrey Record, Beating Goliath. Why Insurgencies Win, Washington D.C., 2009, S. x

[282] Dirk Freudenberg, Irreguläre Kräfte und der interessierte Dritte im modernen Kleinkrieg, in: Thomas Jäger (Hrsg.), Die Komplexität der Kriege, Wiesbaden 2010, S. 179 ff.

eine Rolle spielen. Das aktuelle COIN-Manual der U.S.-Amerikaner (Field-Manual, [FM] 3-24[283]) wird dahingehend kritisiert, dass der Ansatz, sich im Kampf gegen Aufständische auf Stämme und traditionelle Netzwerke zu stützen, sich nicht wiederfinde.[284] Das ist umso verwunderlicher, als dass zum einen die Rolle des Interessierten Dritten in nahezu allen modernen asymmetrischen Konflikten signifikant ist. Substanzielle externe Unterstützung kann erforderlich sein, um überlegenen Willen und Strategie in den Sieg zu konvertieren.[285] Zum anderen ist der Interessierte Dritte auch zumindest teilweise in der Lage, die Unterstützung – vor allem in materieller Hinsicht, gegebenenfalls auch in psychologischer Hinsicht – auszugleichen. Des Weiteren könnte die Einbeziehung eines Interessierten Dritten in die eigene Gesamtkonzeption der Ordnungsmacht deren Möglichkeiten zur Einwirkung auf den Konflikt im Sinne des Comprehensive Approaches ganz erheblich erweitern.[286] Das Prinzip dieses Vernetzten Ansatzes ist einfach: Sämtliche Aktionen in einem (Post-) Konfliktszenario, welche das Ziel der Stimulierung und der Unterstützung der Region hat, sind unter Berücksichtigung sämtlicher Fähigkeiten aller involvierter Akteure zu planen.[287] Gegebenenfalls könnten in heterogen organisierten und von mehreren Führern dominierten Irregulären

---

[283] *Zur Entwicklung und Bedeutung der Vorschrift vergleiche:* John A. Nagl, The Evolution of Army/Marine Corps Field Manual 3-24, Counterinsurgency, in: Robin Schroeder, Stefan Hansen (Hrsg.), Stabilisierungseinsätze als gesamtstaatliche Aufgabe. Erfahrungen und Lehren aus dem deutschen Afghanistaneinsatz zwischen Staatsaufbau und Aufstandsbewältigung (COIN), Baden-Baden 2015, S. 127
[284] Peter Rudolf, Zivil-militärische Aufstandsbekämpfung. Analyse und Kritik der Counterinsurgency-Doktrin, SWP-Studie, S 2, Berlin, Januar 2011, S. 10
[285] Jeffrey Record, Beating Goliath. Why Insurgencies Win, Washington D.C., 2009, S. 23 f.
[286] Dirk Freudenberg, Counterinsurgency als Phase zur Überwindung schwacher Staatlichkeit und zur Etablierung einer stabilen Nachkriegsordnung, in: Martin H.W. Möllers, Robert Chr. van Ooyen (Hrsg.), Jahrbuch Öffentliche Sicherheit 2012/2013, Frankfurt 2013, S. 285 ff., 302
[287] Thomas Starlinger, The Comprehensive Approach – A Way to Operationalize It in (Post-) Conflict Scenarios, in: Ursula Mathis-Moser (Hrsg.), Resposible to Protect. Peacekeeping, Diplomacy, Media and Literature responding to Humanitarian Challenges, Innsbruck 2012, S. 133 ff.; 133

Kräften auftretende Richtungs- und Machtkämpfe rivalisierender Fraktionen aktiv für die eigenen Ziele und Zwecke genutzt werden.[288]

Die eigene Rolle als Interessierter Dritter

Ebenso könnte eine eigene Betätigung als Interessierter Dritter erwogen werden.[289] Die Bandbreite des eigenen Engagements als Interessierter Dritter könnte von nachrichtendienstlichen Aktivitäten über die clandestine Unterstützung und Anheizung Irregulärer Gruppierungen bis zum mehr oder weniger verdeckten Einsatz von Spezial- und Spezialisierten Kräften und sogar bis hin an die Grenze zum offenen Einsatz regulärer Streitkräfte reichen. Der Einsatz ist nicht zuletzt abhängig von dem, was die Gegenseite und ihre Unterstützer entgegenzusetzen hat; vor allem davon, was sie bereit ist dem entgegenzusetzen.[290] Somit entspringt der Wille, sich als Interessierter Drit-

---

[288] Inspekteur des Heeres, Handlungsempfehlungen zur Aufstandsbewältigung. Handreichung für Truppenführer, Strausberg, 18. März 2013, S. 13

[289] *In diesem Sinne gewinnt der Interessierte Dritte für die USA und ihre Verbündeten aktuell wieder eine globale Bedeutung, indem man entsprechende Akteure in Konflikt-Zonen nachhaltig unterstützen will.* (Matthew Irwine, John Nagl, A Long War in the Shadows: The Future of U.S. Counterterrorism, in: ISPK [Hrsg.], Jahrbuch Terrorismus 2011/2012, Opladen, Berlin, Toronto 2012, S. 325 ff.; 328 f.)

[290] *Das Engagement Russlands in der Ukraine zeigt deutlich diese Bandbreite auf, zumal die Ukraine nur bedingt in der Lage ist, den Kräften entgegenzutreten und der Westen als (moralischer) Unterstützer der Ukraine – unabhängig von der Bewertung der militärischen Fähigkeiten der NATO – politisch auch nicht willens sein kann, der Atommacht Russland militärisch entgegenzutreten, um nicht nach Beendigung des Kalten Krieges in das unkalkulierbare Risiko einer militärischen Konfrontation mit Russland einzugehen. Das gleiche gilt im Übrigen auch für Russland und dessen etwaige Ambitionen über die Ukraine hinaus auf weitere Gebiete der ehemaligen Sowjetunion auszugreifen, die heute Teil des NATO-Bündnisses sind. Insofern greifen in dieser Situation wieder die kriegsverhindernden Mechanismen der atomaren Abschreckung, welche unausgesprochen das Risiko eines weitergehenden Engagements auch für Russland unkalkulierbar erscheinen lassen müssen und dieses somit an dieser Stelle für beide Seiten unkalkulierbar wird und schlussendlich jedwede militärische Option obsolet wird. Folglich ist hier nochmals anzumerken, dass das Konzept des Vernetzten Ansatzes auch vor dem Hintergrund dieser Krise zu keinem Zeitpunkt an Aktualität verloren hat; es hat vielmehr an Bedeutung gewonnen.* (Volker Halbauer, Der Comprehensive Approach – Teil der „Gene" des I. [Deutsch/ Niederländischen] Korps, in: Robin Schroeder, Stefan Hansen [Hrsg.], Stabilisierungs-

te zu engagieren, einem politischen Kalkül, welches wiederum vom politischen Risiko abhängt. Zielsetzung muss es hier sein, „moderate" Kräfte für sich zu gewinnen, indem man versucht, „gute", also den eigenen Interessen möglicherweise dienliche Kräfte, und „schlechte", also diesen Interessen weniger nützliche Irreguläre, auseinander zu dividieren, um die „Guten" im Sinne der eigenen Absichten zu unterstützen.[291] Bei einer differenzierten Betrachtung könnte als Abgrenzungskriterium von „gut" und „schlecht" unter anderem die Frage zum Tragen kommen, ob und welche politischen Zwecke und Ziele von den jeweiligen Irregulären Gruppierungen verfolgt werden, oder ob sie lediglich im Fahrwasser politisch interessierter Kräfte bzw. im entstandenen Vakuum ihre eigenen kriminellen Aktivitäten entwickeln und hierin ihren eigentlichen Schwerpunkt sehen. Dann wäre die Gefahr gegeben, dass diese Kräfte beim Auseinanderdivergieren der Interessen sehr schnell den Geleitzug verlassen und sich der fremden Einwirkung zu Gunsten der eigenen Interessenverfolgung entziehen. Gleichwohl darf ein solches Kalkül nur geschehen unter sorgfältigster Berücksichtigung der oben erörterten Risiken. Hier sind Chancen und Risiken hinsichtlich ihrer langfristigen Auswirkungen und strategischen Effektivität sorgfältig zu analysieren und abzuwägen. Ein vordergründiges und schlecht abgewogenes Kalkül kann sich langfristig wieder gegen die eigenen Interessen richten und wäre somit schädlich und unter Umständen auch kontraproduktiv.[292]

---

einsätze als gesamtstaatliche Aufgabe. Erfahrungen und Lehren aus dem deutschen Afghanistaneinsatz zwischen Staatsaufbau und Aufstandsbewältigung [COIN], Baden-Baden 2015, S. 103 ff.; 104)

[291] Dirk Freudenberg, Counterinsurgency als Phase zur Überwindung schwacher Staatlichkeit und zur Etablierung einer stabilen Nachkriegsordnung, in: Martin H.W. Möllers, Robert Chr. van Ooyen (Hrsg.), Jahrbuch Öffentliche Sicherheit 2012/2013, Frankfurt 2013, S. 285 ff., 302

[292] Dirk Freudenberg, Counterinsurgency als Phase zur Überwindung schwacher Staatlichkeit und zur Etablierung einer stabilen Nachkriegsordnung, in: Martin H.W. Möllers, Robert Chr. van Ooyen (Hrsg.), Jahrbuch Öffentliche Sicherheit 2012/2013, Frankfurt 2013, S. 285 ff., 303

US-amerikanische Leitlinie eines COIN-Ansatzes

Kilcullen hat 8 Punkte als Leitlinie für ein bewährtes Verfahren als „best practices" eines Counterinsurgency-Ansatzes herausgearbeitet. Dementsprechend umfasst COIN einen holistischen Ansatz, der zivile und militärische Maßnahmen auf unterschiedlichen Ebenen integriert[293]:

- Auf der politisch-strategischen Ebene ist eine effektive Regierung und Legitimierung aufzubauen, während einhergehend hiermit die Aufständischen marginalisiert werden, ihre Sympathisanten und lokale Alliierte zur Kooperation gewonnen werden.
- Zivile und militärische Anstrengungen sind im Sinne des Comprehensive Approach auf der Grundlage einer gemeinsamen Lagebeurteilung sowie einer soliden, lang anhaltenden Vereinbarung eng zu integrieren.
- Die Kontinuität des Personals, ausgestattet mit hinreichender Autorität und entsprechenden Ressourcen zur Auftragserfüllung.
- Implementation einer auf die Bevölkerung fokussierten Sicherheit, gegründet auf Präsenz, lokalen kommunalen Partnerschaften, Selbstschutz der Bevölkerung und Operationen kleiner militärischer Einheiten, welche die Irregulären aus dem Gleichgewicht bringen.
- Einsatz und Synchronisation von Entwicklung, Verwaltung und Sicherheitsanstrengungen in einem simultanen, koordinierten Aufbau, welcher die politische Strategie unterstützt.
- Enge und aufrichtige Partnerschaft, welche die nationale Regierung in die Führung stellt und mit der Zeit eigenständige und unabhängig funktionierende Institutionen aufbaut.

---

[293] Conrad Schetter, Janosch Prinz, Vom „Krieg gegen den Terrorismus" zur „Aufstandsbekämpfung", in: Thomas Jäger, Rasmus Beckmann (Hrsg.), Handbuch Kriegstheorien, Wiesbaden 2011, S. 522 ff.; 529

- Ein mit starkem Nachdruck betriebener Aufbau effektiver und legitimierter lokaler Sicherheitskräfte durch die externen Interventionsstreitkräfte mit einer ausgewogenen Bereitschaft, den Irregulären in diesem Zeitraum in direkten Kampfaktionen gegenüber zu treten.
- Ein sich über die gesamte Region erstreckender Ansatz zur Zerstörung sicherer Zufluchtsorte, zur Kontrolle von Grenzen und Grenzregionen, und zur Unterminierung der Infrastrukturen Irregulärer Kräfte in benachbarten Staaten.[294]

Dieser amerikanische Ansatz formuliert zudem vier Funktionselemente: Das politische Funktionselement als Schlüsselelement, um eine Rahmenstruktur zur politischen Abstimmung und Reform der Regierung zu erhalten, um welche herum alle anderen Aktivitäten zur Aufstandsbekämpfung organisiert sind; das wirtschaftliche Funktionselement, welches die essentiellen Leistungen der Daseinsvorsorge bereitstellen sowie ein nachhaltiges wirtschaftliches Wachstum stimulieren und somit Vertrauen in die Regierung generieren muss, um gleichzeitig das Potential an frustrierten arbeitslosen jungen Männern und Frauen, aus denen leicht Insurgenten rekrutiert werden können, zu reduzieren; die Sicherheitsfunktion, welche die Voraussetzung für die übrigen Funktionen sein soll und welche nicht nur die Entwicklung der betroffenen nationalen Streitkräfte, sondern des gesamten Sicherheitssektors – einschließlich die zugehörigen rechtlichen Rahmenbedingungen, die Rahmenbedingungen für zivile Kontrollmechanismen und ein entsprechendes Rechtssystem – in einer parallelen Entwicklung vorsieht; die Informationsfunktion, welche Botschaften zum Verständnis und zur Unterstützung des eingeschlagenen Regierungskurses beinhaltet.[295] Diese vier Funktionen stehen im Dienst des übergeordneten Ziels, die Regierung in die Lage zu versetzen, die Kontrolle zu etablieren, zu konsolidieren und schließlich die Kontrol-

---

[294] David Kilcullen, The Accidental Guerrilla. Fighting Small Wars in the Mist of a Big One, New York 2009, S. 265
[295] US-Government, Counterinsurgency Guide, 13. Januar 2009, S. 3

le von den Interventionsstreitkräften auf die nationalen Streitkräfte und von diesen auf zivile Institutionen zu übertragen.[296] So dient zum Beispiel der Bau oder die Wiederherstellung einer Straße nicht allein der Möglichkeit, militärische Macht rasch in einen Raum zu projizieren, sondern eine solche „Line Of Communication" erfüllt mehrdimensionale und umfassende Funktionen im Sinne der vorstehenden Ausführungen. Zum einen verbindet sie Räume und erschließt diese. Des Weiteren ermöglicht sie den Anschluss von Räumen an Handel und Wandel sowie an Information und ermöglicht so den wirtschaftlichen Austausch und die Entwicklung zuvor abgeschlossener, unzugänglicher Regionen, wie auch der Austausch von Wissen und Informationen ermöglicht bzw. erleichtert wird. Mithin bekommt eine LOC eine ihrem Wortsinn entsprechende tatsächliche Bedeutung. Zudem eröffnet der Bau der Straße selbst die Möglichkeiten von Arbeit und Erwerb, so dass, wenn die Bevölkerung auch hier partizipieren kann, sie ein umfassendes Interesse am Bau der Straße hat und Kräften auch aktiv von Seiten der Bevölkerung aus eigenem Interesse entgegengetreten wird, die dieses verhindern wollen, was demzufolge den Aufwand der Ordnungsmacht zur Sicherung und Überwachung des Baus verringert. Dieses aktive Interesse und die Akzeptanz der Bevölkerung für die Maßnahme gehen einher mit einem aktiven Eintreten für Sicherheit sowie dem Widerstand gegenüber den Insurgenten, welche nun – außer Gewalt – dem nichts entgegenzusetzen haben und keinerlei wirtschaftliche Perspektive aufzeigen können. Dementsprechend werden die Insurgenten in der Bevölkerung weder akzeptiert noch geduldet. Mithin hat die Bevölkerung nun selbst ein Interesse am Erfolg des Projekts und ist bereit, zu dessen Sicherheit beizutragen, was nun wiederum Kräfte der Ordnungsmacht (gegebenenfalls für andere Aufgaben) freimacht und deren Ressourcenaufwand vermindert.

---

[296] US-Government, Counterinsurgency Guide, 13. Januar 2009, S. 3

Die Rolle von Spezial- und spezialisierten Kräften

Ein weiteres wesentliches Element ist es, den Druck auf die Aufständischen immer hoch zu halten,[297] sie somit durch einen hohen Verfolgungsdruck nie zur Ruhe kommen zu lassen, ihren Operationsraum sowie ihre Rückzugsräume einzuschränken und ihnen dadurch gleichfalls die Initiative zu nehmen. Es kommt hier auf wirkungseffektive dynamische und flexible Präsenz im Raum an. Den Irregulären bleibt somit als Alternative nur noch die Aufgabe, Selbstauflösung oder das Ausweichen in ungesicherte Räume. Andernfalls sind für die Ordnungskräfte die Voraussetzungen für eine endgültige Zerschlagung der Irregulären Kräfte und deren Strukturen durch Spezial- und Spezialisierte Kräfte gegeben. Spezial- und Spezialisierte Kräfte können hier eine entscheidende Rolle übernehmen.[298] Doch ist ihr Einsatz keinesfalls isoliert zu betrachten, sondern immer in eine Gesamtstrategie kontextuell einzuordnen und an bestimmte Voraussetzungen gebunden. Zudem ist der Einsatz dieser Kräfte immer auch mit Risiken behaftet. So liegen die Schwierigkeiten beim Einsatz von Spezial- und Spezialisierten Kräften zum militärischen Zerschlagen von Ansammlungen und Zentren Irregulärer Kräfte nicht nur wie bei sonstigen konventionellen militärischen Operationen in der Ordnung des Raumes und der Koordination der Kräfte in Raum und Zeit, sondern vor allem im Erkennen, Identifizieren und Isolieren der Irregulären Kräfte, um sie dann durch eine Konzentration überlegener Kräfte zu vernichten. Bei Vorliegen dieser Voraussetzungen kann der Erfolg von Spezial- und Spezialisierten Kräften durchschlagend sein. Ein

---

[297] Anthony James Joes, Resisting Rebellion, The History and Politics of Counterinsurgency, Lexington, Kentucky 2006, S. 244
[298] vgl. Dirk Freudenberg, Spezial- und Spezialisierte Kräfte im Spektrum des Comprehensive Approach: ZFAS 2011, Heft 3, S. 423 ff.; vgl. Dirk Freudenberg, Counterinsurgency als Phase zur Überwindung schwacher Staatlichkeit und zur Etablierung einer stabilen Nachkriegsordnung, in: Martin H.W. Möllers, Robert Chr. van Ooyen (Hrsg.), Jahrbuch Öffentliche Sicherheit 2012/2013, Frankfurt 2013, S. 285 ff., 304; vgl. Matthew Irwine, John Nagl, A Long War in the Shadows: The Future of U.S. Counterterrorism, in: ISPK (Hrsg.), Jahrbuch Terrorismus 2011/2012, Opladen, Berlin, Toronto 2012, S. 325 ff.; 327 f

solcher militärischer Erfolg kann dann unter Umständen auch zur (Selbst-) Auflösung irregulärer Organisationen führen, wenn gleichzeitig deren Gravitationszentren neutralisiert wurden. Als Beleg hierfür kann der militärische Erfolg der Briten gegen die „West-Side-Boys" in Sierra Leone im Jahre 2000 herangezogen werden.[299]

Die aktuelle Bedeutung der Aufstandsbekämpfungskonzeptionen

Basierend auf der amerikanischen Counterinsurgency-Vorschrift (FM 3-24), welche in ihrer inhaltlichen Ausgestaltung ganz maßgeblich auf General Petraeus zurückgeht und von diesem vor dem Hintergrund des Irak-Krieges (2003) entwickelt wurde[300] und die er später auch auf Afghanistan übertragen hat, operierten die ISAF-Streitkräfte in Afghanistan nach diesen Grundsätzen.[301] Der Grund für die Entwick-

---

[299] *Zu diesen Operationen vergleiche u.a.:* William Fowler, Operation Barras. The SAS Rescue Mission: Sierra Leone 2000, London 2004; vgl. Damien Lewis, Operation Certain Death, London 2005

[300] *Zur Entwicklung der US-amerikanischen Operationsführung im Irak, die in dem FM 3-34 mündete, siehe auch:* Hans-Joachim Ruff-Stahl, Human Factors im Krieg: Ist COIN eine taktische Antwort auf ein strategisches Problem?, in: Robin Schroeder, Stefan Hansen (Hrsg.), Stabilisierungseinsätze als gesamtstaatliche Aufgabe. Erfahrungen und Lehren aus dem deutschen Afghanistaneinsatz zwischen Staatsaufbau und Aufstandsbewältigung (COIN), Baden-Baden 2015, S. 137 ff.; 140 ff.

[301] Dirk Freudenberg, Das COMISAF Advisory and Assistance Team (CAAT) als strategisches Instrument im Counterinsurgency-Einsatz in Afghanistan, in: Robin Schroeder, Stefan Hansen (Hrsg.), Stabilisierungseinsätze als gesamtstaatliche Aufgabe. Erfahrungen und Lehren aus dem deutschen Afghanistaneinsatz zwischen Staatsaufbau und Aufstandsbewältigung (COIN), Baden-Baden 2015, S. 369 ff.; 371; vgl. Hans-Werner Fritz, Hendrik Staigis, Matthias Weber, Counterinsurgency und Führungsverantwortung im Einsatz am Beispiel ISAF im Jahr 2010, in: Robin Schroeder, Stefan Hansen (Hrsg.), Stabilisierungseinsätze als gesamtstaatliche Aufgabe. Erfahrungen und Lehren aus dem deutschen Afghanistaneinsatz zwischen Staatsaufbau und Aufstandsbewältigung (COIN), Baden-Baden 2015, S. 211 ff.; 212; vgl. Wolfgang Lauenroth, Spezialkräfte der Bundeswehr im Einsatz: Vom Kampf gegen den Terrorismus zur Unterstützung von einheimischen Sicherheitskräften in einer Aufstandsbekämpfung, in: Robin Schroeder, Stefan Hansen (Hrsg.), Stabilisierungseinsätze als gesamtstaatliche Aufgabe. Erfahrungen und Lehren aus

lung dieser Vorschrift[302] lag in dem offenkundig gewordenen Mangel der US-amerikanischen Truppen, in dem komplexen Umfeld einer Aufstandsbekämpfung zu bestehen.[303] Der ganz wesentliche innovative Gedanke dieser Vorschrift ist – im Gegensatz zu klassischen Ansätzen der Kriegführung –, dass nicht der Gegner im Zentrum der militärischen Betrachtung steht, sondern dass es sich um einen bevölkerungszentrierten Ansatz handelt.[304] Damit stehen sich der feindzentrierte Ansatz klassischer konventioneller Kriegführung und der bevölkerungszentriete Ansatz der Aufstandsbekämpfung gegen-

---

dem deutschen Afghanistaneinsatz zwischen Staatsaufbau und Aufstandsbewältigung (COIN), Baden-Baden 2015, S. 347 ff.; 349

[302] *vergleiche hierzu auch:* Stephanie Wilson, Issues in Developing a New U.S. Counterinsurgency Doctrine Field Manual FM 3-24 MCRP, in: Sebastian Buciak (Hrsg.), Asymmetrische Konflikte im Spiegel der Zeit, Berlin 2008, S. 537 ff.

[303] vgl. Stephanie Wilson, No better friend, No Worse Enemy – First Do no Harm, Maxime and Probleme der 'Petraeus Doktrin' in: ISUK (Hrsg.), Jahrbuch Terrorismus 2007/2008, Opladen, Farmington Hills, 2008, S. 197 ff.

[304] Dirk Freudenberg, „Directed Telescope" Das COMISAF Advisory and Assistance Team (CAAT) im Counterinsurgency-Einsatz in Afghanistan, in: Der Deutsche Fallschirmjäger 2012, Heft 4, S. 16 ff.; vgl. Dirk Freudenberg, Das COMISAF Advisory and Assistance Team, in: Europäische Sicherheit und Technik 2012, Heft 9, 2012, S. 41 ff., 41; vgl. Dirk Freudenberg, Directed Telescope. Das COMISAF Advisory and Assistance Team (CAAT) in Afghanistan, in: Behördenspiegel Oktober 2012, S. 49; vgl. Dirk Freudenberg, Ein "geführtes Teleskop" – Das CAAT als strategisches Instrument der Aufstandsbekämpfung, in: ZFAS 2013, Heft 1, S. 35 ff; 36; vgl. Dirk Freudenberg, Das COMISAF Advisory and Assistance Team (CAAT) als strategisches Instrument im Counterinsurgency-Einsatz in Afghanistan, in: Robin Schroeder, Stefan Hansen (Hrsg.), Stabilisierungseinsätze als gesamtstaatliche Aufgabe. Erfahrungen und Lehren aus dem deutschen Afghanistaneinsatz zwischen Staatsaufbau und Aufstandsbewältigung (COIN), Baden-Baden 2015, S. 369 ff.; 371; *Das Aufstandsbekämpfung auch auf konzeptioneller Ebene bis in den wissenschaftlichen Bereich bevölkerungszentriert ist, hat auch bereits Friedel belegt.* (Andreas Friedel, „Hearts and minds" vs. „Carrots and sticks"? Modernisierungstheoretische und rational choice-Ansätze der Counterinsurgency-Forschung im Wettbewerb, in: Martin Sebaldt, Alexander Straßner [Hrsg.], Aufstand und Demokratie. Counterinsurgency als normative und praktische Herausforderung, Wiesbaden 2011, S. 92 ff.; 93 ff.)

über.³⁰⁵ Das bedeutet, dass bei jeder Maßnahme und Handlung die Auswirkungen auf die Bevölkerung zu beurteilen und gegebenenfalls feindschädigende Unternehmungen zu unterlassen sind, auch wenn dadurch ein militärischer Vorteil nicht ausgenutzt wird, wenn dadurch unter Umständen die Auswirkungen auf die zivile Lage der Bevölkerung und das zivile Meinungsbild negativ sein könnten.³⁰⁶ Es wird in der Literatur nicht durchgängig verstanden, wenn im Zusammenhang mit dieser Fragestellung festgestellt wird, dass sich bereits aus Verhältnismäßigkeitsgebot des Humanitären Völkerrechts ein normatives Kriterium ergebe, welches eine Bewertung ergebe, das auch auf Counterinsurgency-Operationen anzuwenden sei.³⁰⁷ Das Abstellen auf (völker-)rechtliche Grundsätze – welche völlig unbestritten sind – ist in diesem Zusammenhang nicht zielführend, weil sie in ihren Wirkungen

---

³⁰⁵ *Kilcullen unterscheidet noch einmal zwischen Counterinsurgency im feindzentrierten Ansatz konventioneller Kriegführung, welche seiner Auffassung nach hierzu eine Variante darstellt und nach der es um eine Auseinandersetzung mit einem Gegner geht, den es zu besiegen gilt und der Counterinsurgency im bevölkerungszentrierten Ansatz, als grundsätzlich einem Kontrollproblem bzw. einer bewaffneten Variante von Regierungsadministration.* (Dave Kilcullen, Two Schools of Classic Counterinsurgency, in: Small Wars Journal, http://smallwarsjournal.com/blog/two-schools-of-classical-counterinsurgency; Internet vom 23.10.2013)
³⁰⁶ Dirk Freudenberg, „Directed Telescope" Das COMISAF Advisory and Assistance Team (CAAT) im Counterinsurgency-Einsatz in Afghanistan, in: Der Deutsche Fallschirmjäger 2012, Heft 4, S. 16 ff.; 16; vgl. Dirk Freudenberg, Das COMISAF Advisory and Assistance Team, in: Europäische Sicherheit und Technik 2012, Heft 9, 2012, S. 41 ff., 41; vgl. Dirk Freudenberg, Directed Telescope. Das COMISAF Advisory and Assistance Team (CAAT) in Afghanistan, in: Behördenspiegel Oktober 2012, S. 49; vgl. Dirk Freudenberg, Ein "geführtes Teleskop" – Das CAAT als strategisches Instrument der Aufstandsbekämpfung, in: ZFAS 2013, Heft 1, S. 35; 36 f.; Dirk Freudenberg, Das COMISAF Advisory and Assistance Team (CAAT) als strategisches Instrument im Counterinsurgency-Einsatz in Afghanistan, in: Robin Schroeder, Stefan Hansen (Hrsg.), Stabilisierungseinsätze als gesamtstaatliche Aufgabe. Erfahrungen und Lehren aus dem deutschen Afghanistaneinsatz zwischen Staatsaufbau und Aufstandsbewältigung (COIN), Baden-Baden 2015, S. 369 ff.; 371
³⁰⁷ vgl. Hendrik Gast, Counterinsurgency – Herausforderung für die Demokratietheorie: Zu den normativen Implikationen des Problems, in: Martin Sebaldt, Alexander Straßner (Hrsg.), Aufstand und Demokratie. Counterinsurgency als normative und praktische Herausforderung, Wiesbaden 2011, S. 114 ff.; 123 f.

nicht weit genug gehen. Genau nach den Folgewirkungen von operativen und taktischen Maßnahmen auf die Lage der Bevölkerung ist in der Aufstandsbekämpfung zu fragen. Hieraus ergeben sich die Einschränkungen. Diese Einschränkungen gehen also zum Teil deutlich weiter als die völkerrechtlichen Regelungen zum Schutze der Zivilbevölkerung. Sie haben gleichzeitig auch eine andere Wirkdimension als das weiterhin uneingeschränkt geltende Feindschädigungsrecht.[308] Der hier zum Tragen kommende Grundgedanke entspricht dennoch überkommenen militärischen Grundsätzen: Das Ausnutzen eines möglichen taktischen Erfolges ist dann zu unterlassen, wenn dadurch absehbar, unmittelbar oder auch nur mittelbar eine schädigende Wirkung von strategischer Bedeutung eintritt.[309] Weitere grundlegende Überlegung des FM 3-24 ist es zudem, dass Aufstandsbekämpfung zwar Teil der Kriegführung ist, dass aber zur Aufstandsbekämpfung

---

[308] Dirk Freudenberg, „Directed Telescope" Das COMISAF Advisory and Assistance Team (CAAT) im Counterinsurgency-Einsatz in Afghanistan, in: Der Deutsche Fallschirmjäger 2012, Heft 4, S. 16 ff.; 16; vgl. Dirk Freudenberg, Ein "geführtes Teleskop" – Das CAAT als strategisches Instrument der Aufstandsbekämpfung, in: ZFAS 2013, Heft 1, S. 35; 36 ff.; 37; vgl. Dirk Freudenberg, Das COMISAF Advisory and Assistance Team (CAAT) als strategisches Instrument im Counterinsurgency-Einsatz in Afghanistan, in: Robin Schroeder, Stefan Hansen (Hrsg.), Stabilisierungseinsätze als gesamtstaatliche Aufgabe. Erfahrungen und Lehren aus dem deutschen Afghanistaneinsatz zwischen Staatsaufbau und Aufstandsbewältigung (COIN), Baden-Baden 2015, S. 369 ff.; 371

[309] Dirk Freudenberg, „Directed Telescope" Das COMISAF Advisory and Assistance Team (CAAT) im Counterinsurgency-Einsatz in Afghanistan, in: Der Deutsche Fallschirmjäger 2012, Heft 4, S. 16 ff.; 16; vgl. Dirk Freudenberg, Das COMISAF Advisory and Assistance Team, in: Europäische Sicherheit und Technik 2012, Heft 9, 2012, S. 41 ff., 41; vgl. Dirk Freudenberg, Directed Telescope. Das COMISAF Advisory and Assistance Team (CAAT) in Afghanistan, in: Behördenspiegel Oktober 2012, S. 49; vgl. Dirk Freudenberg, Ein "geführtes Teleskop" – Das CAAT als strategisches Instrument der Aufstandsbekämpfung, in: ZFAS 2013, Heft 1, S. 35 ff.; 37; vgl. Dirk Freudenberg, Das COMISAF Advisory and Assistance Team (CAAT) als strategisches Instrument im Counterinsurgency-Einsatz in Afghanistan, in: Robin Schroeder, Stefan Hansen (Hrsg.), Stabilisierungseinsätze als gesamtstaatliche Aufgabe. Erfahrungen und Lehren aus dem deutschen Afghanistaneinsatz zwischen Staatsaufbau und Aufstandsbewältigung (COIN), Baden-Baden 2015, S. 369 ff.; 371

prinzipiell zivile Maßnahmen der humanitären Nothilfe, des zivilen Wiederaufbaus, der Entwicklungshilfe und der Entwicklungszusammenarbeit sowie der Staats- und Regierungsbildung wie auch des administrativen und des polizeilichen Bereiches grundsätzlich unerlässlich sind und den militärischen Maßnahmen in ihrer Wertigkeit und Bedeutung für den Erfolg voranstehen. Folglich ist dieser proaktive Ansatz dem Grunde nach ein zivil gesteuerter mit einer militärischen Komponente. Somit entspricht dieser Ansatz dem Prinzip der vernetzten Sicherheit als Ausfluss des umfassenden Sicherheitsbegriffs, wie er auch in verschiedenen sicherheitspolitischen Grundlagendokumenten der Bundesrepublik Deutschland manifestiert ist, und der im internationalen Umfeld englischsprachig als „comprehensive approach" bezeichnet wird.[310] Hieraus ergibt sich zugleich eine große Übereinstimmung der Konzepte, denn neben militärischen Aktionen zur Eindämmung der Aufständischen zielt COIN auf die Verbesserung der Regierungsführung, soziale Sicherheit, Rechtstaatlichkeit sowie nachhaltige Wirtschaftsentwicklung, denn letztere sind wichtige aktuelle Handlungsfelder der Entwicklungspolitik, die insbesondere in Postkonflikt-Situationen zum Tragen kommen.[311] Die besondere Herausforderung hierin besteht darin, dass die Akteure in keinem formalen hierarchischen Verhältnis unter einer einheitlichen Führung stehen; allerdings ist ein Höchstmaß an Koordination und eine gemeinsame Zieldefinition notwendig.[312] Dementsprechend ist der Ansatz

---

[310] Dirk Freudenberg, Das COMISAF Advisory and Assistance Team (CAAT) als strategisches Instrument im Counterinsurgency-Einsatz in Afghanistan, in: Robin Schroeder, Stefan Hansen (Hrsg.), Stabilisierungseinsätze als gesamtstaatliche Aufgabe. Erfahrungen und Lehren aus dem deutschen Afghanistaneinsatz zwischen Staatsaufbau und Aufstandsbewältigung (COIN), Baden-Baden 2015, S. 369 ff.; 371 f.
[311] Stefan Oswald, Christine Toetzke, „Counterinsurgency" (COIN) – Eine entwicklungspolitische Perspektive, in: Robin Schroeder, Stefan Hansen (Hrsg.), Stabilisierungseinsätze als gesamtstaatliche Aufgabe. Erfahrungen und Lehren aus dem deutschen Afghanistaneinsatz zwischen Staatsaufbau und Aufstandsbewältigung (COIN), Baden-Baden 2015, S. 189 ff.; 191
[312] Hans-Georg Erhard, Roland Kästner, Aufstandsbekämpfung, Konzept für Deutsche Sicherheitspolitik? Lehren aus Afghanistan, in: Hamburger Informationen zur Friedensforschung und Sicherheitspolitik, Ausgabe 48, 2010, S. 3

der vernetzten Sicherheit als offizieller Konzepttitel des ressortgemeinsamen Ansatzes, mit dem Deutschland auch die sicherheitspolitischen Herausforderungen einer Aufstandsbekämpfung adressiert, keine inhaltliche Vorfestlegung der beteiligten Ressorts, sondern prozessuales Leitbild für einen erkannten Handlungsbedarf.[313] Diskussionsfelder hierbei sind unter anderem der Sicherheitsbegriff, die Zielhierarchie und unterschiedliche Denkhaltungen sowie die Ressourcenausstattung.[314] In diesem Zusammenhang wird denn auch kritisiert, dass es bezogen auf den Afghanistaneinsatz an einer Strategie mangele, da die Planungen weder den Zweck und das Ziel der vorgesehenen Maßnahmen umfassten noch den Weg, den man beschreiten sowie die Mittel, derer man sich bedienen wolle, ausreichend definiert würden.[315] Dementsprechend kritisiert Alamir im Rückblick auf den ISAF-Einsatz in Afghanistan den vernetzten Ansatz als „rhetorisches Konzept", das weitergehende Fragen nach Ziel und Sinnhaftigkeit des Engagements in Afghanistan kanalisiert und absorbiert habe.[316]

Subsidiarität militärischen Handelns

Aufstände können nicht im Sinne einer militärischen Vernichtung besiegt werden.[317] Militärische Maßnahmen treten daher grundsätzlich gegenüber zivilen – nicht zwingend in der chronologischen Abfolge –

---

[313] Inspekteur des Heeres, Handlungsempfehlungen zur Aufstandsbewältigung. Handreichung für Truppenführer, Strausberg, 18. März 2013, S. 4
[314] Inspekteur des Heeres, Handlungsempfehlungen zur Aufstandsbewältigung. Handreichung für Truppenführer, Strausberg, 18. März 2013, S. 8
[315] Philipp Münch, Strategielos in Afghanistan. Die Operationsführung der Bundeswehr im Rahmen der International Security Assistance Force, in: SWP-Studie, S 30, Berlin, November 2011, S. 5
[316] Fouzieh Melanie Alamir, Rolle des ausländischen Militärs beim Peacebuilding, in: Uwe Hartmann (Hrsg.), Lernen von Afghanistan. Innovative Wege und Mittel für Auslandseinsätze, Berlin 2015, S. 96 ff.; 119; *Zur einer „Vorläufigen Bilanz" des deutschen Einsatzes in Afghanistan nach Ende des ISAF-Mandates vergleiche auch:* Gerd Portugall, Materielle und immaterielle Kosten, in: Behörden Spiegel, Berlin, Bonn April 2015, S. 49
[317] Stanley A. McChrystal, ISAF Comander's CounterinsurgencyGuidance, S. 2

als subsidiär zurück.[318] Die wesentlichen Aufgaben des Militärs liegen in der Durchsetzung staatlicher Macht und der Schaffung eines sicheren Umfelds.[319] Eine Konzentration allein auf militärische Belange ist indes kaum erfolgversprechend.[320] Dabei ist das Verhältnis der nichtmilitärischen und militärischen Wirkmittel nicht durch eine einfache Formel zu bestimmen. Die häufig widerholte Behauptung, Aufstandsbekämpfung sei zu 80 Prozent politisch und lediglich zu 20 Prozent militärisch führbar, ist daher irreführend; vielmehr ist es wohl so, dass sich das Verhältnis zwischen militärischen und (anderen) politischen Maßnahmen ständig wechseln kann.[321] Dieses Wechselwirkungsverhältnis bestimmt die Art der Wirkmittel, deren Umfang und Massivität, wie auch deren Intensität und Wirkdauer. Ein militärisches Engagement bedeutet in einem solchen Umfeld, dass man für Erfolge im Sicherheitssektor in der Regel einen langen Atem sowie viel Zeit und Geduld braucht, verbunden mit einer überzeugenden Kommunikation, und vor allem die Fähigkeit, sich von den irregulären Kämpfern nicht dazu hinreißen zu lassen, Gleiches mit Gleichem zu vergelten.[322] Es kommt also nicht allein darauf an, mittels massivem militärischem Auftreten und kinetischer Operationen die möglicherweise dann doch nur zeitlich befristete Präsenz und somit die entsprechend begrenzte Überlegenheit im Raum herzustellen. Allerdings darf kein

---

[318] Dirk Freudenberg, Das COMISAF Advisory and Assistance Team (CAAT) als strategisches Instrument im Counterinsurgency-Einsatz in Afghanistan, in: Robin Schroeder, Stefan Hansen (Hrsg.), Stabilisierungseinsätze als gesamtstaatliche Aufgabe. Erfahrungen und Lehren aus dem deutschen Afghanistaneinsatz zwischen Staatsaufbau und Aufstandsbewältigung (COIN), Baden-Baden 2015, S. 369 ff.; 372

[319] Florian Wätzel, Befähigung und Reform lokaler Sicherheitskräfte als strategische Notwendigkeit, in: Robin Schroeder, Stefan Hansen (Hrsg.), Stabilisierungseinsätze als gesamtstaatliche Aufgabe. Erfahrungen und Lehren aus dem deutschen Afghanistaneinsatz zwischen Staatsaufbau und Aufstandsbewältigung (COIN), Baden-Baden 2015, S. 149 ff.; 185

[320] Inspekteur des Heeres, Handlungsempfehlungen zur Aufstandsbewältigung. Handreichung für Truppenführer, Strausberg, 18. März 2013, S. 8

[321] Stephan Maninger, Der Schattenkrieg – Ergänzungen zur „Counterinsurgency"-Debatte, in: ÖMZ 2013, S. 301 ff.; 303

[322] Erich Vad, Asymmetrischer Krieg als Mittel der Politik, in: Thomas Jäger, Rasmus Beckmann (Hrsg.), Kriegstheorien, Wiesbaden 2011, S. 586 ff.; 591

Zweifel darüber bestehen, dass kinetische Operationen, also militärische Kampfhandlungen, zur Befriedung bzw. Sicherung eines Raumes durchaus Voraussetzung für alles andere sein können, und der Einsatz von Spezial- und Spezialisierten Kräften ebenso das „scharfe Ende" einer Operation darstellen kann.[323] Die feindzentrierte Komponente des COIN-Ansatzes zielt hier auf die direkte Eliminierung von Irregulären.[324] Der grundlegende Unterschied zur klassischen konventionellen Kriegführung liegt also in der besonderen Kontextbeziehung dieses insgesamt innovativen und modernen Gesamtansatzes. Dass die Operationsführung nicht in allen Einsatzgebieten unbedingt von durchschlagendem Erfolg gekrönt zu sein scheint, muss nicht zwingend darin begründet sein, dass das FM 3-24 dem Grunde nach fehlerhaft ist, sondern könnte unter Umständen daran liegen, dass die Lehren nicht ausreichend auf die entsprechenden Operationsgebiete umgesetzt bzw. nicht von allen Beteiligten in der notwendigen Tiefe durchdrungen und entsprechend abgestimmt umgesetzt sind.[325] Es

---

[323] Dirk Freudenberg, „Directed Telescope" Das COMISAF Advisory and Assistance Team (CAAT) im Counterinsurgency-Einsatz in Afghanistan, in: Der Deutsche Fallschirmjäger 2012, Heft 4, S. 16 ff.; 16; vgl. Dirk Freudenberg, Das COMISAF Advisory and Assistance Team, in: Europäische Sicherheit und Technik 2012, Heft 9, 2012, S. 41 ff., 41; vgl. Dirk Freudenberg, Counterinsurgency als Phase zur Überwindung schwacher Staatlichkeit und zur Etablierung einer stabilen Nachkriegsordnung, in: Martin H.W. Möllers, Robert Chr. van Ooyen (Hrsg.), Jahrbuch Öffentliche Sicherheit 2012/2013, Frankfurt 2013, S. 285 ff., 305; vgl. Dirk Freudenberg, Das COMISAF Advisory and Assistance Team (CAAT) als strategisches Instrument im Counterinsurgency-Einsatz in Afghanistan, in: Robin Schroeder, Stefan Hansen (Hrsg.), Stabilisierungseinsätze als gesamtstaatliche Aufgabe. Erfahrungen und Lehren aus dem deutschen Afghanistaneinsatz zwischen Staatsaufbau und Aufstandsbewältigung (COIN), Baden-Baden 2015, S. 369 ff.; 372
[324] Dorte Hühnert, Der 11. September 2001 und Afghanistan – Ein strategisches Dilemma, in: Thomas Jäger (Hrsg.), Die Welt nach 9/11. Auswirkungen des Terrorismus auf Staatenwelt und Gesellschaft, ZFAS Sonderheft 2/2011, Wiesbaden 2011, S. 451 ff.; 459
[325] Dirk Freudenberg, Counterinsurgency als Phase zur Überwindung schwacher Staatlichkeit und zur Etablierung einer stabilen Nachkriegsordnung, in: Martin H.W. Möllers, Robert Chr. van Ooyen (Hrsg.), Jahrbuch Öffentliche Sicherheit 2012/2013, Frankfurt 2013, S. 285 ff., 305; vgl. Dirk Freudenberg, Das COMISAF Advisory and Assistance Team (CAAT) als strategisches Instrument im Counterin-

kommt also – hier genauso wie in jedem anderen Krieg – ganz besonders darauf an, dass die Doktrin nicht im Sinne einer Routine eingesetzt wird.[326] Eine weitere wesentliche Voraussetzung zu einer erfolgreichen Umsetzung ist der Faktor Zeit. Der Counterinsurgency-Ansatz ist in seiner Gesamtheit auf langandauernde Wirkungen und deren Nachwirkung angelegt. Erfolge können nicht unbedingt nur mit kurzfristig angesetzten und rasch durchgeführten Operationen (quick impact) erzielt werden. Das Handeln in diesem Ansatz setzt letztendlich die grundsätzliche Akzeptanz und Unterstützung einer breiten Mehrheit der Bevölkerung voraus.[327] Die Akzeptanz der im Einsatzraum lebenden Zivilbevölkerung und die Unterstützung der eigenen Kräfte sind unerlässliche Bausteine für eine erfolgreiche Operationsführung.[328] Das Wesen und die bestimmende Idee der Counterinsurgency ist also, dass sie grundsätzlich bevölkerungszentriert und nicht gegnerzentriert wirken soll, um „Herz und Verstand", „heards and minds" der Bevölkerung zu gewinnen und den Aufständischen somit

---

surgency-Einsatz in Afghanistan, in: Robin Schroeder, Stefan Hansen (Hrsg.), Stabilisierungseinsätze als gesamtstaatliche Aufgabe. Erfahrungen und Lehren aus dem deutschen Afghanistaneinsatz zwischen Staatsaufbau und Aufstandsbewältigung (COIN), Baden-Baden 2015, S. 369 ff.; 372

[326] Rasmus Beckmann, Clausewitz trifft Luhmann. Eine systemtheoretische Interpretation von Clausewitz' Handlungstheorie, Wiesbaden 2011, S. 222

[327] Dirk Freudenberg, Das COMISAF Advisory and Assistance Team, in: Europäische Sicherheit und Technik 2012, Heft 9, 2012, S. 41 ff., 42; vgl. Dirk Freudenberg, Counterinsurgency als Phase zur Überwindung schwacher Staatlichkeit und zur Etablierung einer stabilen Nachkriegsordnung, in: Martin H.W. Möllers, Robert Chr. van Ooyen (Hrsg.), Jahrbuch Öffentliche Sicherheit 2012/2013, Frankfurt 2013, S. 285 ff., 306; vgl. Dirk Freudenberg, Das COMISAF Advisory and Assistance Team (CAAT) als strategisches Instrument im Counterinsurgency-Einsatz in Afghanistan, in: Robin Schroeder, Stefan Hansen (Hrsg.), Stabilisierungseinsätze als gesamtstaatliche Aufgabe. Erfahrungen und Lehren aus dem deutschen Afghanistaneinsatz zwischen Staatsaufbau und Aufstandsbewältigung (COIN), Baden-Baden 2015, S. 369 ff.; 373

[328] Helge Rücker, Die Rolle der Zivilbevölkerung in heutigen Konflikten und die spezifische Bedeutung von CIMIC in Stabilisierungsoperationen und COIN, in: Robin Schroeder, Stefan Hansen (Hrsg.), Stabilisierungseinsätze als gesamtstaatliche Aufgabe. Erfahrungen und Lehren aus dem deutschen Afghanistaneinsatz zwischen Staatsaufbau und Aufstandsbewältigung (COIN), Baden-Baden 2015, S. 117 ff.; 119

den Rückhalt und die Unterstützung der Bevölkerung zu entziehen.[329] Damit zielt der Ansatz zugleich auf den Willen der Bevölkerung.[330] Insofern kommt hier auch der individuellen wie auch der kollektiven Wahrnehmung des Einsatzes eine entscheidende Bedeutung zu. Folglich wird die Wahrnehmung der Bevölkerung von der eigenen Operationsführung zum bestimmenden Faktor und zum begehrtesten Zielobjekt im Informationsumfeld, wobei hier die eigene Glaubwürdigkeit das höchste Gut darstellt.[331] Damit geht einher, dass dieser Ansatz nicht nur kostenintensiv, sondern vor allem zeitlich aufwendig ist sowie verschiedene Ebenen beinhaltet.[332] Vernetzte Sicherheit[333] darf hier nicht zur Ausrichtung ziviler Maßnahmen auf rein militärische Ziele gemäß militärischer Logik führen.[334] Dementsprechend müssen zivile und militärische Partner von Beginn eines Engagements an auf allen Ebenen zielorientiert gemeinsam Planen und die Umsetzung ihrer abgestimmten Maßnahmen und Wirkmittel miteinander auf der Zeitachse synchronisieren.[335] Für die militärische Seite heißt das, dass

---

[329] Dirk Freudenberg, Der Einsatz der Streitkräfte im bevölkerungsorientierten „Comprehensive Approach", in: ÖMZ 2012, S. 523 ff.; 524; vgl. Inspekteur des Heeres, Handlungsempfehlungen zur Aufstandsbewältigung. Handreichung für Truppenführer, Strausberg, 18. März 2013, S. 13

[330] Stanley A. McChrystal, ISAF Comander's Counterinsurgency Guidance, S. 3

[331] vgl. Axel Gablik, „It's all about perception" – ISAF und das Wirken im Informationsumfeld, in: Robin Schroeder, Stefan Hansen (Hrsg.), Stabilisierungseinsätze als gesamtstaatliche Aufgabe. Erfahrungen und Lehren aus dem deutschen Afghanistaneinsatz zwischen Staatsaufbau und Aufstandsbewältigung (COIN), Baden-Baden 2015, S. 303 ff.; 305

[332] Dirk Freudenberg, Der Einsatz der Streitkräfte im bevölkerungsorientierten „Comprehensive Approach", in: ÖMZ 2012, S. 523 ff.; 524

[333] *Kritisch zum Begriff und zur Entwicklung dieser „programatischen Leitidee deutscher Sicherheitspolitik" vergleiche:* Fouzieh Melanie Alamir, Vernetzte Sicherheit – Quo Vadis?, Berlin 2015

[334] Inspekteur des Heeres, Handlungsempfehlungen zur Aufstandsbewältigung. Handreichung für Truppenführer, Strausberg, 18. März 2013, S. 8

[335] Dirk Freudenberg, Das COMISAF Advisory and Assistance Team (CAAT) als strategisches Instrument im Counterinsurgency-Einsatz in Afghanistan, in: Robin Schroeder, Stefan Hansen (Hrsg.), Stabilisierungseinsätze als gesamtstaatliche Aufgabe. Erfahrungen und Lehren aus dem deutschen Afghanistaneinsatz zwischen Staatsaufbau und Aufstandsbewältigung (COIN), Baden-Baden 2015, S. 369 ff.;

von Anfang an auf der Zeitlinie zu prüfen ist, wann welche zivilen Kapazitäten zur Freisetzung militärischer Kräfte und Mittel, sowohl national als auch multinational, verfügbar sind und in der Operationsplanung und Zusammenstellung der eigenen Kräfte berücksichtigt werden können.[336] Das bedeutet, dass die Verfahren zur Entscheidungsfindung der unterschiedlichen Akteure und die Prinzipien der Stabsarbeit so zu flexibilisieren sind, dass sie die Arbeitsweisen anderer Akteure berücksichtigen.[337]

Wissenschaftliche Kritik am COIN-Ansatz

In der neueren militärwissenschaftlichen Literatur wird der COIN-Ansatz inzwischen sehr differenziert betrachtet. Zum einen wird angeführt, der COIN-Ansatz, wie ihn die Alliierten unter Führung der Amerikaner in Afghanistan verfolgten, sei im Grunde seinem Wesen nach nicht neu[338] und somit lediglich eine Weiterführung des zuvor angewandten Counter-Terror-Ansatzes durch Änderungen und Anpassungen auf der Ebene der angewandten Mittel, und somit eine verkappte CT-Strategie.[339] Dieser Kritik wäre dann zuzustimmen,

---

373; *Ein Beispiel für die übergreifende Synchronisation eines Einsatzes gibt von Blumröder:* Christian von Blumröder, Shape, Clear, Hold, Build – Die Operation HALMAZAG des Ausbildungs- und Schutzbataillons Kunduz, in: Robin Schroeder, Stefan Hansen (Hrsg.), Stabilisierungseinsätze als gesamtstaatliche Aufgabe. Erfahrungen und Lehren aus dem deutschen Afghanistaneinsatz zwischen Staatsaufbau und Aufstandsbewältigung (COIN), Baden-Baden 2015, S. 233 ff.

[336] Inspekteur des Heeres, Handlungsempfehlungen zur Aufstandsbewältigung. Handreichung für Truppenführer, Strausberg, 18. März 2013, S. 17; vgl. Julian Lindley-French, Paul Cornish, Andrew Rathmell, Clear, Hold and Build: Operationalizing the Comprehensive Approach, in: Julian Lindley-French, Yves Boyer (Hrsg.), The Oxford Handbook of War, Oxford 2014, S. 573 ff.; 578

[337] Inspekteur des Heeres, Handlungsempfehlungen zur Aufstandsbewältigung. Handreichung für Truppenführer, Strausberg, 18. März 2013, S. 30

[338] vgl. Conrad Schetter, Janosch Prinz, Vom „Krieg gegen den Terrorismus" zur „Aufstandsbekämpfung", in: Thomas Jäger, Rasmus Beckmann (Hrsg.), Handbuch Kriegstheorien, Wiesbaden 2011, S. 522 ff.; 530

[339] Jéronimo Barbin, Frank Tettweiler, Strategiewechsel in Afghanistan? Counterterrorism und Anstöße für eine deutsche Diskussion, in: SWP, FG03 AP 01, Berlin 2013, S. 3

wenn der Ansatz im Wesentlichen feindzentriert und nicht bevölkerungszentriert wäre. Insofern kann eine andere Kritik gerade gegen diese Entgegnung angeführt werden. Hier richtet sich Kritik nämlich gerade gegen den umfassenden Ansatz der Definition dessen, was Counterinsurgency sein soll: Das FM 24-3 beziehe vom Grundsatz her zu viele Aufgabenfelder ein und sei somit für die Umsetzung in der Praxis zu sehr ausgeweitet.[340] Vor dem Hintergrund des Afghanistaneinsatzes wird zum einen kritisch hinterfragt, ob die Grundannahme der „bevölkerungszentrierten COIN" der komplexen Realität im Einsatzland überhaupt entspreche, da diese davon ausgehe, dass nicht eine Vielzahl von Handelnden, sondern eine hilfesuchende Bevölkerung insgesamt gegen „die Aufständischen"[341] zu verteidigen sei, allerdings weder militärisches Engagement die gesamte Bevölkerung schützen könne noch die Frontlinie in einem derartigen multiethnischen Staat entlang idealtypischer Gegensätze verlaufe.[342] Diesem kritischen Ansatz ist entgegenzuhalten, dass die Feststellung verschwimmender Frontlinien nicht dem COIN-Konzept im Kern widerspricht, sondern lediglich seine Komplexität in der Umsetzung in einem Einsatzraum als auch in der Anwendung gegenüber konkreten Akteuren unterstreicht. Münch kritisiert die COIN-Doktrin als zu allgemein, als dass sie in derart komplexen zivil-militärischen Einsätzen handlungsleitend sein könnte.[343] Diese Kritik erscheint allerdings unverständlich. Gerade ein derartig komplexes Umfeld verlangt lage-

---

[340] David S. Ucko, Counterinsurgency and Its Discontents. Assessing the Value of a divisive Concept, in: SWP Research Paper, RP 6, Berlin April 2011, S. 7
[341] *Zur Qualifizierung des Aufstandes in Afghanistan vergleiche auch:* Hans-Werner Fritz, Hendrik Staigis, Matthias Weber, Counterinsurgency und Führungsverantwortung im Einsatz am Beispiel ISAF im Jahr 2010, in: Robin Schroeder, Stefan Hansen (Hrsg.), Stabilisierungseinsätze als gesamtstaatliche Aufgabe. Erfahrungen und Lehren aus dem deutschen Afghanistaneinsatz zwischen Staatsaufbau und Aufstandsbewältigung (COIN), Baden-Baden 2015, S. 211 ff.; 215 ff.
[342] Jörg-Dietrich Nackmayr, „Amerikas Pazifisches Jahrhundert". Warum der Westen 2014 nicht aus Afghanistan abziehen wird, in ÖMZ 2012, Heft 4, S. 406 ff.; 408
[343] Philipp Münch, Strategielos in Afghanistan. Die Operationsführung der Bundeswehr innerhalb der International Security Assistance Force, SWP-Studie, S 30, Berlin November 2011, S. 6

angepasstes und wirkungsorientiertes Vorgehen und somit Flexibilität vor allem auf der operativen und taktischen Ebene. Dementsprechend wird immer wieder auf die möglichen strategischen Auswirkungen des taktischen Verhaltens des einzelnen Soldaten hingewiesen.[344] Daher kann eine militärische Vorschrift immer nur ein Anhalt sein. Das gilt im Übrigen für alle militärischen Vorschriften (abgesehen von Sicherheitsbestimmungen). Insofern liefert Münch auch zugleich das argumentum contrarium für seine oben vorgebrachte Kritik, indem er am Ende seiner Studie an der COIN-Doktrin bemängelt, dass sie „… bloß eine enorme Bandbreite an unterschiedlichen Handlungsweisen [aufzeige]."[345] Es kommt allerdings darauf an, die richtigen und angemessenen Handlungsweisen im jeweiligen Kontext abgestimmt und wirkungsorientiert auszuwählen und anzuwenden. Das ist zum einen aber eine Frage der Fähigkeiten der Operateure und (militärisch) Verantwortlichen auf den jeweiligen Führungsebenen und zum anderen selbstverständlich eine Frage der politischen Vorgaben und der entsprechenden Auflagen. Beides ist sicherlich nicht voneinander zu trennen. Keinesfalls ist dieses ein Mangel der COIN-Doktrin. Auch wenn Münch[346] den Mangel an politischen Vorgaben explizit im Zusammenhang mit dem Engagement in Afghanistan hervorhebt, so ist dieser eben keiner, welcher der FM 3-23

---

[344] vgl. Timo Noetzel, Martin Zapfe, Aufstandsbekämpfung als Auftrag. Instrumente und Planungsstrukturen für den ISAF-Einsatz, SWP-Studie, S 13, Berlin, Mai 2008, S. 25; Ein Musterbeispiel für die Fähigkeit einen strategisch-taktisch komprimierten Überblick und das entsprechende Verständnis bis in die niedereren Offiziersränge zu vermitteln leistete die französische militärische Führung in der Vorbereitung der „Operation Serval", wenn gleich COIN hier eingebettet war in eine mit Landkriegselementen kombinierte Stabilisierungsoperation. (vgl. Direktorate of Land Warfare, Operation SERVAL – French Intervention Operation in Mali 2013. Lessons and Insights, LXC Newsletter, July 2013, S. 5)
[345] Philipp Münch, Strategielos in Afghanistan. Die Operationsführung der Bundeswehr innerhalb der International Security Assistance Force, SWP-Studie, S 30, Berlin November 2011, S. 29
[346] Philipp Münch, Strategielos in Afghanistan. Die Operationsführung der Bundeswehr innerhalb der International Security Assistance Force, SWP-Studie, S 30, Berlin November 2011, S. 29

zuzurechnen ist.³⁴⁷ Es fehlt dieser Kritiklinie insofern auch an Stringenz. Insgesamt widersprechen sich die kritischen Ansätze auch gegenseitig in ihren Kernaussagen: Ein komplexes Umfeld bedarf flexibler Antworten auf die vielschichtigen Probleme. Insofern ist hier eher fraglich, ob der COIN-Ansatz im Einsatz tatsächlich auf allen taktischen Ebenen bei allen Akteuren verstanden und überall konsequent umgesetzt wird, so dass sich die Kritik nicht gegen das Konzept, sondern allenfalls gegen seine Umsetzung richten muss. So wird zum einen von Erhard und Kästner bezweifelt, dass die Grundvoraussetzungen für erfolgreiche Aufstandsbekämpfung in Afghanistan fehlen.³⁴⁸ Aber auch die gesamte Akteursgemeinschaft auf der „eigenen" Seite ist kritisch zu hinterfragen. Auf den Punkt gebracht ist also jeweils zu fragen: Ist dieser Ansatz wirklich von allen gewollt und findet hier tatsächlich Aufstandsbekämpfung im Sinne der COIN-Doktrin statt? Es gibt keinen Königsweg der Aufstandsbekämpfung, welcher sich auf alle unterschiedlichen Aufstandsformen übertragen ließe.³⁴⁹ Dementsprechend verlangt auch jedes Einsatzland eine seinen spezifischen Verhältnissen und Gegebenheiten entsprechend angepasste Verwirklichung. Konzepte, welche möglicherweise die Erfahrungen von Nationalstaaten oder auch der internationalen Gemeinschaft beispielsweise aus dem Libanon, dem Irak³⁵⁰ oder gar aus So-

---

³⁴⁷ *So kommt auch die COIN-Studie des ISPK zu dem Ergebnis, dass die Bereitschaft einer „Stabilisierungslogik" zu folgen in Afghanistan seitens der politischen Entscheidungsträger von Beginn an häufig lediglich einer leeren „Worthülse" entsprach.* (ISPK [Hrsg.], Studie Counterinsurgency Erfahrungen, Strategien und Aussichten unter besonderer Berücksichtigung des ressortübergreifenden Ansatzes. Abschlussbericht, Kiel 30. Januar 2013)
³⁴⁸ Hans-Georg Erhard, Roland Kästner, Aufstandsbekämpfung, Konzept für Deutsche Sicherheitspolitik? Lehren aus Afghanistan, in: Hamburger Informationen zur Friedensforschung und Sicherheitspolitik, Ausgabe 48, 2010, S. 13
³⁴⁹ John M. Collins, Military Strategy. Principles, Practices, and historical Perspectives, Washington, D.C. 2008, S. 181
³⁵⁰ *Zu den Erfahrungen und Entwicklungen der US-Amerikanischen Counterinsurgency im Irak vergleiche zusammenfassend auch:* Tobias Nerl, Mission accomplished? Counterinsurgency und Regimewechsel im Irak, in: Martin Sebaldt, Alexander Straßner (Hrsg.), Aufstand und Demokratie. Counterinsurgency als normative und praktische Herausforderung, Wiesbaden 2011, S. 271 ff.

malia schablonenhaft über Afghanistan[351] legen wollen, müssen vor dem Hintergrund einer völlig anders gearteten Gesellschaft und Kultur und deren besonderen Historie scheitern.[352] Daher bedarf es speziell für Afghanistan eines Konzeptes, welches gewährleistet, dass die Sicherheitsverantwortung behutsam in afghanische Hände übergeht und die Koalitionskräfte nicht überstürzt das Land verlassen. Dieser als „Transition" bezeichnete Prozess der Übergabe der Sicherheitsverantwortung beinhaltet zwei wesentliche Handlungslinien: Zum einen den Aufbau und die Befähigung der afghanischen Sicherheitskräfte (ANSF), hierbei vor allem Militär (Afghan National Army, ANA) und verschiedene Polizeien.[353] In diesem Sinne stellt Nagl auch richtigerweise fest, dass es vor allem den afghanischen Sicherheitskräften nicht wirklich gelingt, die Doktrin zu implementieren.[354] Die

---

[351] *Zu den Erfahrungen und Entwicklungen der Counterinsurgency in Afghanistan bis in das Jahr 2010 vergleiche auch:* Stefan Jungbauer, Counterinsurgency als internationale Antiterrormission: Afghanistan, in: Martin Sebaldt, Alexander Straßner (Hrsg.), Aufstand und Demokratie. Counterinsurgency als normative und praktische Herausforderung, Wiesbaden 2011, S. 298 ff.

[352] vgl. Dirk Freudenberg, „Directed Telescope" Das COMISAF Advisory and Assistance Team (CAAT) im Counterinsurgency-Einsatz in Afghanistan, in: Der Deutsche Fallschirmjäger 2012, Heft 4, S. 16 ff.; 17

[353] *Vergleiche umfassend zu diesem Prozess:* Marco Overhaus, Michael Paul, Der Aufbau der nationalen afghanischen Sicherheitskräfte. Stand und Perspektiven der Transition nach dem Nato-Gipfel in Chicago, in: SWP-Studie S 17 Berlin August 2012; vgl. Robin Schröder, Das entscheidende Jahr in Afghanistan – Zeigt die Counterinsurgency Strategie der ISAF Wirkung?, in: ISPK (Hrsg.), Jahrbuch Terrorismus 2010, Opladen, Berlin, Toronto 2011, S. 240 ff.; 246 ff.; vgl. Ronja Kempin, Polizeiaufbau in Afghanistan – Eine Geschichte vom Ende der Beitragsfähigkeit Deutschlands, in: Martin H.W. Möllers, Robert Chr. van Ooyen (Hrsg.), Jahrbuch Öffentliche Sicherheit 2010/2011, Zweiter Halbband, Frankfurt 2011, S. 77 ff.; vgl. Gerald Stöter, Der Polizeiaufbau als Baustein der Reform des Sicherheitssektors, in: Robin Schroeder, Stefan Hansen (Hrsg.), Stabilisierungseinsätze als gesamtstaatliche Aufgabe. Erfahrungen und Lehren aus dem deutschen Afghanistaneinsatz zwischen Staatsaufbau und Aufstandsbewältigung (COIN), Baden-Baden 2015, S. 287 ff.; *Zur taktischen Aufgabe des „Partnerings" verleiche:* COMISAF Advisory and Assistance Team, Guidelines in Partnering for Transition, in: CAAT Special Report, December 2011

[354] John A. Nagl, „A 'Better War' in Afghanistan", in: http://www.cnas.org/files/documents/publications/CNASTestimony_Nagl_SFRC_September_16_2009.pdf, S. 4 f.; Internet vom 10.11.2012

zweite wesentliche Handlungslinie der Transition, welche gleichzeitig ablaufen muss, ist der Aufbau eines von einer breiten Bevölkerungsmehrheit akzeptierten Regierungs- und Verwaltungsapparates.[355] Mithin entsteht eine Schere zwischen anwachsender und zunehmend zum selbstständigen Agieren befähigter Sicherheitsakteure auf der einen Seite, und auf der anderen Seite eine stetig reduzierte Anzahl von Kräften der Koalitionstruppen, welche diesen assistieren. Die zentrale Herausforderung hierbei ist es, dieses in einem sehr kurzen Zeitfenster bei gleichzeitiger kontinuierlicher Reduzierung eigener Kräfte und Fähigkeiten zu leisten. Der Faktor Zeit ist hier wiederum von besonderer strategischer Bedeutung. Zudem entsprechen die politischen Entscheidungsprozesse der strategischen Ebene, also der daran beteiligten Staatengemeinschaft, in ihrer Taktung nicht dem militärischen Planungs- und Führungsprozess, welcher für die Umsetzung der politischen Vorgaben im Operationsgebiet notwendig ist.[356] Der entscheidende Punkt aber ist, dass die jeweiligen strategischen Konzepte und operativen Ansätze zur Aufstandsbekämpfung auch auf der Zeitachse miteinander korrespondieren, kongruent sind und auch auf der Zeitachse in die gleiche Richtung gehen. Die Aufgabe des Militärs ist es, das militärisch Verantwortbare umzusetzen.[357] Dabei liegt die politische Verantwortung zunächst bei der afghanischen

---

[355] *Zum Ansatz der „Transition" in Afghanistan vergleiche umfassend:* Marco Overhaus, Michael Paul, Der Aufbau der nationalen Afghanischen Sicherheitskräfte. Stand und Perspektiven der Transition nach dem NATO-Gipfel in Chicago, in: SWP-Studie S 17, Berlin 2012

[356] Dirk Freudenberg, „Directed Telescope" Das COMISAF Advisory and Assistance Team (CAAT) im Counterinsurgency-Einsatz in Afghanistan, in: Der Deutsche Fallschirmjäger 2012, Heft 4, S. 16 ff.; 17 vgl. Dirk Freudenberg, Das COMISAF Advisory and Assistance Team, in: Europäische Sicherheit und Technik 2012, Heft 9, 2012, S. 41 ff., 43

[357] Dirk Freudenberg, „Directed Telescope" Das COMISAF Advisory and Assistance Team (CAAT) im Counterinsurgency-Einsatz in Afghanistan, in: Der Deutsche Fallschirmjäger 2012, Heft 4, S. 16 ff.; 17; vgl. Dirk Freudenberg, Das COMISAF Advisory and Assistance Team, in: Europäische Sicherheit und Technik 2012, Heft 9, 2012, S. 41 ff., 43; vgl. Dirk Freudenberg, Directed Telescope. Das COMISAF Advisory and Assistance Team (CAAT) in Afghanistan, in: Behördenspiegel Oktober 2012, S. 49

Regierung. Diese wird gemäß dem Mandat der ISAF von den nationalen Regierungen der Truppensteller unterstützt, welche wiederum die eigene nationale politische Verantwortung tragen. Gerade angesichts der kurzen Zeitlinie bis 2015 musste dabei vollkommen klar sein, dass die Bewertungsmaßstäbe für die verlangte Leistungsfähigkeit der ANSF nicht die gleichen sein konnten, wie man sie beispielsweise für westliche Sicherheitskräfte anwenden würde; und auch die Bewertung einer guten Regierungsbildung, also einer durchsetzungsfähigen Zentralregierung unter Einbindung regionaler und lokaler Akteure und Machtstrukturen, ist nicht an einer lehrbuchmäßigen „good governance" westlichen Standards zu messen. Die Aufgabe des Militärs ist es, entsprechend der politischen Vorgaben der internationalen Staatengemeinschaft und der nationalen Regierungen das militärisch Verantwortbare umzusetzen. Dennoch ist zu berücksichtigen, dass Maßnahmen in diesem Bereich einen langen Planungs- und Umsetzungshorizont haben, um zu greifen und tatsächlich erfolgreich zu sein. Das starke Aufwachsen der Sicherheitskräfte und die diesbezügliche Beschäftigung von Menschen im Sicherheitsapparat muss auf Dauer seine Entsprechung und Transformation in der Schaffung von Arbeitsplätzen in einer zivilen Wirtschaft und Verwaltung finden, welche einem Wertschöpfungsprozess dient und somit der wirtschaftlichen Stabilisierung des Landes sowie der Entwicklung von Auskommen und einem (zunächst bescheidenen) Wohlstand. In diesem Zusammenhang können die Sicherheitskräfte nur als vorübergehender Puffer dienen.[358] Eine Integration lediglich in die Sicherheitsapparate könnte sich langfristig wiederum als kontraproduktiv erweisen.

---

[358] Dirk Freudenberg, Das COMISAF Advisory and Assistance Team (CAAT) als strategisches Instrument im Counterinsurgency-Einsatz in Afghanistan, in: Robin Schroeder, Stefan Hansen (Hrsg.), Stabilisierungseinsätze als gesamtstaatliche Aufgabe. Erfahrungen und Lehren aus dem deutschen Afghanistaneinsatz zwischen Staatsaufbau und Aufstandsbewältigung (COIN), Baden-Baden 2015, S. 369 ff.; 377

Die Bedeutung von Reintegration im Kontext von COIN

Die Strukturen von Kriegsökonomien durch den Wiederaufbau ziviler Wirtschaftskreisläufe sollten unter anderem durch Projekte zur Stärkung staatlicher Verwaltungsstrukturen durch Reintegration den Weg aus Gewaltökonomien ermöglichen.[359] Der Reintegration[360] von (ehemaligen) Insurgenten und Talibankämpfern, insbesondere von Führern der unteren und mittleren Ebenen, kommt hierbei eine zentrale Bedeutung zu. Dabei kann es bei der Reintegration nicht nur einseitig um die Resozialisierung dieser Menschen gehen, sondern es geht auf der anderen Seite auch um die Wiedereingliederung und Integration von Gewaltakteuren in die lokalen Gemeinschaften, welche ihrerseits unter den zu „Reintegrierenden" zu leiden hatten. Mithin ist dieses ein mehr- und wechselseitiger Prozess, welcher in einer Gesellschaft, die seit über dreißig Jahren durch Krieg und Bürgerkrieg geprägt ist und in welcher sehr stark Gewalterfahrungen das „Weltbild" mehrerer Generationen bestimmen, den Menschen sehr viel abverlangt. Das ist zugleich ein Thema, welches nicht nur landesweit und zentral gesteuert abzuarbeiten ist, sondern welches sich vor allem auf der lokalen Basis vor Ort entscheidet. Bestimmte historische Erfahrungen müssen bei der Umsetzung dieser Prozesse in der afghanischen Gesellschaft unter Umständen ebenso Berücksichtigung finden wie tradiertes und kulturadäquates Verhalten.[361] Eine besondere Aufgabe ist

---

[359] Angelika Spelten, Stabilisierung durch „Friedensökonomie"?, in: Sabine Kurtenbach, Peter Lock (Hrsg.), Kriege als (Über)lebenswelten. Schattenglobalisierung, Kriegsökonomien und Inseln der Zivilität, Bonn 2004, S. 274 ff.; 275 f.
[360] *Zur grundsätzlichen Bedeutung und zur Umsetzung des Knzepts der Reintegration im Rahmen des Einsatzes in Afghanistan vergleiche:* Uwe Hartmann, War without Fighting? The Reintegration of former Combatants in Afghanistan seen through the Lens of Strategic Thought, Berlin 2014, vgl. Uwe Hartmann, Krieg ohne Kampf? Zur Reintegration von Aufständischen in Afghanistan, in: Uwe, Hartmann, (Hrsg.), Lernen von Afghanistan. Innovative Wege und Mittel für Auslandseinsätze, Berlin 2015, S. 76 ff.
[361] Dirk Freudenberg, „Directed Telescope" Das COMISAF Advisory and Assistance Team (CAAT) im Counterinsurgency-Einsatz in Afghanistan, in: Der Deutsche Fallschirmjäger 2012, Heft 4, S. 16 ff.; 18; vgl. Dirk Freudenberg, Das

es daher auch, Akzeptanz für die Anwendung und Durchsetzung nationalen Rechts zu entwickeln. Akzeptanz ist die Voraussetzung für Rezeption, also die Annahme und Geltung in der Gesellschaft.[362] In diesem Sinne kommt es darauf an, traditionales lokales Recht und dessen Anwendung mit modernem staatlichen Recht in Einklang zu bringen, und damit auch Akzeptanz für den Staat und seine Institutionen bei zum Teil ungebildeten Menschen zu finden, welche zu einem nicht unerheblichen Anteil noch in tribalen Strukturen und partikularen Traditionen verhaftet sind.[363]

Der Comprehensive Approach und COIN

Der bevölkerungszentrierte Ansatz des Comprehensive Approach soll dabei zum Erfolg führen.[364] Dieser vernetzte Ansatz darf aber nicht

---

COMISAF Advisory and Assistance Team, in: Europäische Sicherheit und Technik 2012, Heft 9, 2012, S. 41 ff., 43; vgl. Dirk Freudenberg, Directed Telescope. Das COMISAF Advisory and Assistance Team (CAAT) in Afghanistan, in: Behördenspiegel Oktober 2012, S. 49; vgl. Dirk Freudenberg, Das COMISAF Advisory and Assistance Team (CAAT) als strategisches Instrument im Counterinsurgency-Einsatz in Afghanistan, in: Robin Schroeder, Stefan Hansen (Hrsg.), Stabilisierungseinsätze als gesamtstaatliche Aufgabe. Erfahrungen und Lehren aus dem deutschen Afghanistaneinsatz zwischen Staatsaufbau und Aufstandsbewältigung (COIN), Baden-Baden 2015, S. 369 ff.; 377

[362] Dirk Freudenberg, Das COMISAF Advisory and Assistance Team (CAAT) als strategisches Instrument im Counterinsurgency-Einsatz in Afghanistan, in: Robin Schroeder, Stefan Hansen (Hrsg.), Stabilisierungseinsätze als gesamtstaatliche Aufgabe. Erfahrungen und Lehren aus dem deutschen Afghanistaneinsatz zwischen Staatsaufbau und Aufstandsbewältigung (COIN), Baden-Baden 2015, S. 369 ff.

[363] vgl. Troy Anderson, Insurgent Justice, in: COIN Common Sense July 2010, Heft 3, S. 8

[364] Dirk Freudenberg, „Directed Telescope" Das COMISAF Advisory and Assistance Team (CAAT) im Counterinsurgency-Einsatz in Afghanistan, in: Der Deutsche Fallschirmjäger 2012, Heft 4, S. 16 ff.; 18; Dirk Freudenberg, Directed Telescope. Das COMISAF Advisory and Assistance Team (CAAT) in Afghanistan, in: Behördenspiegel Oktober 2012, S. 49; vgl. Dirk Freudenberg, Ein "geführtes Teleskop" – Das CAAT als strategisches Instrument der Aufstandsbekämpfung, in: ZFAS 2013, Heft 1, S. 35 ff.; 39; vgl. Dirk Freudenberg, Das COMISAF Advisory and Assistance Team (CAAT) als strategisches Instrument im Counterinsurgency-Einsatz in Afghanistan, in: Robin Schroeder, Stefan Hansen (Hrsg.), Stabilisierungs-

nur ein rhetorisches Konzept sein, das weitergehende Fragen nach Ziel und Sinnhaftigkeit des Engagements kanalisiert und absorbiert.[365] Für einen umfassenden Erfolg ist es von entscheidender Bedeutung, dass die politischen Entscheidungsprozesse der strategischen Ebene in ihrer Taktung den militärischen Planungs- und Führungsprozessen, welcher für die Umsetzung der politischen Vorgaben im Operationsgebiet notwendig ist, entsprechen.[366] Gerade im Zusammenhang mit dem Afghanistan-Einsatz wird eingeräumt, dass es weder auf der strategischen Ebene gelinge, ressortübergreifend die Führungs- bzw. Koordinationsstrukturen zu implementieren, die ein erfolgreicher Einsatz erfordere, und auch die militärisch-operative Umsetzung des Ansatzes der vernetzten Sicherheit unzureichend sei.[367] Insofern ist bei einer Kritik des internationalen Einsatzes, wie auch der nationalen

---

einsätze als gesamtstaatliche Aufgabe. Erfahrungen und Lehren aus dem deutschen Afghanistaneinsatz zwischen Staatsaufbau und Aufstandsbewältigung (COIN), Baden-Baden 2015, S. 369 ff.; 377

[365] Fouzieh Melanie Alamir, Rolle des ausländischen Militärs beim Peacebuilding, in: Uwe Hartmann (Hrsg.), Lernen von Afghanistan. Innovative Wege und Mittel für Auslandseinsätze, Berlin 2015, S. 96 ff.; 119

[366] vgl. Dirk Freudenberg, „Directed Telescope" Das COMISAF Advisory and Assistance Team (CAAT) im Counterinsurgency-Einsatz in Afghanistan, in: Der Deutsche Fallschirmjäger 2012, Heft 4, S. 16 ff.; 17; vgl. Dirk Freudenberg, Directed Telescope. Das COMISAF Advisory and Assistance Team (CAAT) in Afghanistan, in: Behördenspiegel Oktober 2012, S. 49; vgl. Dirk Freudenberg, Ein "geführtes Teleskop" – Das CAAT als strategisches Instrument der Aufstandsbekämpfung, in: ZFAS 2013, Heft 1, S. 35; vgl. Dirk Freudenberg, Das COMISAF Advisory and Assistance Team (CAAT) als strategisches Instrument im Counterinsurgency-Einsatz in Afghanistan, in: Robin Schroeder, Stefan Hansen (Hrsg.), Stabilisierungseinsätze als gesamtstaatliche Aufgabe. Erfahrungen und Lehren aus dem deutschen Afghanistaneinsatz zwischen Staatsaufbau und Aufstandsbewältigung (COIN), Baden-Baden 2015, S. 369 ff.; vgl. Florian Wätzel, Befähigung und Reform lokaler Sicherheitskräfte als strategische Notwendigkeit, in: Robin Schroeder, Stefan Hansen (Hrsg.), Stabilisierungseinsätze als gesamtstaatliche Aufgabe. Erfahrungen und Lehren aus dem deutschen Afghanistaneinsatz zwischen Staatsaufbau und Aufstandsbewältigung (COIN), Baden-Baden 2015, S. 149 ff.; 159

[367] Timo Noetzel, Martin Zapfe, Aufstandsbekämpfung als Auftrag. Instrumente und Planungsstrukturen für den ISAF-Einsatz, SWP-Studie, S 13, Berlin, Mai 2008, S. 23

Rolle, sowie insbesondere auch an der COIN-Doktrin einzuräumen, dass es eben bislang an der erforderlichen Taktung und Synchronisation fehlt. Dementsprechend war der Preis für ein bisweilen unkoordiniertes Nebeneinander von militärischen und zivilen Stabilisierungsmaßnahmen hoch.[368] Die Richtigkeit einer Doktrin hängt daher auch immer mit der tatsächlichen Anwendung und Umsetzung durch die Akteure in der konkreten Praxis zusammen. Daher sollte die gezogene Lehre des Engagements in fragilen Staaten, dass die gemeinsame Analyse und Planung zum frühestmöglichen Zeitpunkt beginnen sollte und dementsprechend mit der ressortübergreifenden Erstellung von Strategien und Konzepten für Krisenregionen anfängt und sich in der Beteiligung an Planungsprozessen anderer Ressorts fortsetzt[369], gezogen werden und auch in der Wechselwirkung mit der operativen und taktischen Ebene umgesetzt werden.

Zusammenfassung und Schluss

Aufstandsbekämpfung, „Counterinsurgency", wird auch für die Bundeswehr zunehmend zur „neuen Einsatzrealität".[370] Folglich ist der Ansatz des „Comprehensive Approach" ein Konzept, dass im Sinne einer Gesamtstrategie abgestimmt staatliche und nichtstaatliche Mittel zielführend zum Einsatz bringen kann.[371] Entscheidend ist, ob und

---

[368] Ulrich Schlie, Lehren aus dem Afghanistaneinsatz: Eine Bilanz aus deutscher Sicht, in: Robin Schroeder, Stefan Hansen (Hrsg.), Stabilisierungseinsätze als gesamtstaatliche Aufgabe. Erfahrungen und Lehren aus dem deutschen Afghanistaneinsatz zwischen Staatsaufbau und Aufstandsbewältigung (COIN), Baden-Baden 2015, S. 387 ff.; 390 f.

[369] Dirk Niebel, Sicherheitspolitik und Entwicklungspolitik, in: Behörden Spiegel, August 2013 S. 45

[370] vgl. Dieter Warnecke, Kommandeur in Afghanistan 2007/2008 – Erfahrungen eines Truppenführers, in: Claudine Nick-Miller (Hrsg.), Strategisches versus humanitäres Denken: das Beispiel Afghanistan, Zürich 2009, S. 213 ff.; 218; vgl. Dirk Freudenberg, Irreguläre Kräfte und der interessierte Dritte im modernen Kleinkrieg, in: Thomas Jäger (Hrsg.), Die Komplexität der Kriege, Wiesbaden 2010, S. 179 ff.; 184

[371] Dirk Freudenberg, Spezial und Spezialisierte Kräfte im Spektrum des gesamtstaatlichen „Interagency-Interaction-Ansatzes", in: Der Deutsche Fallschirmjäger,

wieweit der Gegenkleinkrieg mit seinen Zielsetzungen den politischen, sozialen und ökonomischen Bedürfnissen der Bevölkerung zu entsprechen vermag, in deren Bereich seine Operationen stattfinden.[372] Voraussetzung für den Erfolg ist das Verständnis und das Durchdringen der Komplexität in seiner Gesamtheit und Vielschichtigkeit. Jeder zur Ausführung kommende Problemlösungsansatz muss das gesamte Spektrum möglicher Wirkungen und Wirkrichtungen berücksichtigen. Wesentlich ist, dass es sich nicht lediglich um eine bewaffnete Auseinandersetzung handelt. Es geht vielmehr um eine politische Auseinandersetzung, in welcher beide Seiten bewaffnete Kräfte nutzen, um Platz für ihre politischen und wirtschaftlichen Einflussaktivitäten zu schaffen, um effektiv zu sein.[373] COIN bedeutet daher ein umfassendes Gegenhandeln und ist damit eine Art Aufstandsmanagement, bei der es nicht um die Vernichtung des Gegenübers im militärischen Sinne geht, und dessen Erfolg schwierig qualitativ und quantitativ zu beschreiben oder gar zu messen ist. Insofern müssen alle Maßnahmen der Counterinsurgency der Politik und Strategie untergeordnet sein, weil sie im Wesentlichen ein politisches Problem ist.[374] Mithin geht es also um einen gesamtheitlichen Ansatz. Daher kann ein Erfolg auch nicht ohne die integrierte und synchronisierte Anwendung politischer, diplomatischer, wirtschaftlicher, finanzieller und anderer Instrumente erzielt werden.[375] Die besondere Herausforderung liegt in der Koordination und Synchronisation von der gemeinsamen Festlegung einer strategischen Zielsetzung der eigenen Akteure bis hin zur Planung und Durchführung der sich hieraus ablei-

---

Schwerpunktheft Spezial- und Spezielle Operationen, Heft 3, 2008, S. 22 ff.; 26; vgl. Wolfgang Schneiderhahn, Die Bundeswehr morgen, in: Bundesakademie für Sicherheitspolitik (Hrsg.), Sicherheitspolitik in neuen Dimensionen. Ergänzungsband 2, Hamburg, Berlin, Bonn 2009, S. 533 ff.; 537

[372] Werner Hahlweg, Aspekte des Kleinkrieges in Geschichte und Gegenwart, in: ASMZ 1968, S. 501 ff.; 506

[373] US-Government, Counterinsurgency Guide, 13. Januar 2009, S. 2

[374] Milan Vego, Feldzugsplanung zur Counterinsurgency, in: ÖMZ 2008, S. 151 ff.; 153

[375] Milan Vego, Feldzugsplanung zur Counterinsurgency, in: ÖMZ 2008, S. 151 ff.; 153; vgl. Thomas R. Mockaitis, Resolving Insurgencies, SSI, June 2011, S. vii

tenden Arbeitsschritte sowie der gemeinsamen Reaktion auf Lageentwicklungen auf allen Ebenen. Eine solche Orchestrierung bedarf der ein- und gegebenenfalls auch der Unterordnung wie unter Umständen auch der eigenen gebotenen Zurücknahme der einzelnen Akteure im Sinne des Ganzen. Dass dieser Ansatz der „Vernetzten Sicherheit" seit Jahren in allen sicherheitspolitischen Strategiepapieren der Bundesrepublik Deutschland eingefordert wird, erscheint derzeit allerdings eher als Indiz dafür, dass dieses Postulat nicht in allen Ressorts tatsächlich akzeptiert und verinnerlicht wird und dementsprechend auch seinen Niederschlag nicht in der erforderlichen Form findet.[376] Hier wird insbesondere für das ressortgemeinsame Vorgehen der beteiligten Ministerien auf nationaler Ebene, aber auch hinsichtlich der effektiven Koordinierung zwischen den Verbündeten sowie mit weiteren, im Einsatzraum tätigen Akteuren, eingeräumt, dass es Verbesserungsmöglichkeiten gebe.[377] Das gilt sowohl für die nationale, Ressort und Institutionen übergreifende Ebene so, wie für die Nationen übergreifende internationale Ebene. Das setzt voraus, dass Absichten und Interessen abgestimmt und synchronisiert werden müssen und nationale Vorbehalte und Auflagen in den Hintergrund treten müssen. Die Operationalisierung des Ansatzes der Vernetzten Sicherheit bzw. des Comprehensive Approach wird denn auch als zentral und überlebenswichtig für die zukünftige Entwicklung der

---

[376] vgl. Dirk Freudenberg, Bemerkungen zu strategischen Herausforderungen der Ressort- und Ebenen übergreifenden Abstimmung im Sinne des Ansatzes Vernetzter Sicherheit, in: Christoph Unger, Thomas Mitschke, Dirk Freudenberg (Hrsg.), Krisenmanagement – Notfallplanung – Bevölkerungsschutz. Festschrift anlässlich 60 Jahre Ausbildung im Bevölkerungsschutz dargebracht von Partnern, Freunden und Mitarbeitern des Bundesamtes für Bevölkerungsschutz und Katastrophenhilfe Berlin 2013, S. 71 ff.; vgl. Dirk Freudenberg Grundsätzliche Anmerkungen zu Problemen der Ressort- und Ebenen übergreifenden Abstimmung im Sinne des Ansatzes Vernetzter Sicherheit, in: Martin H.W. Möllers, Robert van Ooyen (Hrsg.), Jahrbuch Öffentliche Sicherheit, Frankfurt 2012, S. 265 ff.
[377] Ulrich Schlie, Lehren aus dem Afghanistaneinsatz: Eine Bilanz aus deutscher Sicht, in: Robin Schroeder, Stefan Hansen (Hrsg.), Stabilisierungseinsätze als gesamtstaatliche Aufgabe. Erfahrungen und Lehren aus dem deutschen Afghanistaneinsatz zwischen Staatsaufbau und Aufstandsbewältigung (COIN), Baden-Baden 2015, S. 387 ff.

NATO und ihre Modernisierung angesehen.³⁷⁸ Allerdings ist die NATO die Summe der Ambitionen ihrer Nationen und derzeit besteht eine wachsende Lücke zwischen dem Bestreben, dem strategischen Konzept der NATO und dem Willen der Nationen, Vereinbarungen zu treffen, die dem zwingenden Erfordernis einer strategischen Geduld, welche umfassende Einsätze ausnahmslos erfordern, entsprechen.³⁷⁹ Daher ist auch hier der Wille zur Zusammenarbeit entscheidend und unabdingbar für den Erfolg. Spezial- und Spezialisierte Kräfte können im Rahmen der Aufstandsbekämpfung einen wichtigen Beitrag zur Bekämpfung Irregulärer Kräfte im Modernen Kleinkrieg leisten, wenngleich sie nur ein Mittel in einer breiten Palette staatlicher Instrumente darstellen und nur zu bestimmten – eben speziellen Zwecken – wirksam eingesetzt werden können.³⁸⁰ Dabei sind

---

[378] Julian Lindley-French, Paul Cornish, Andrew Rathmell, Clear, Hold and Build: Operationalizing the Comprehensive Approach, in: Julian Lindley-French, Yves Boyer (Hrsg.), The Oxford Handbook of War, Oxford 2014, S. 573 ff.; 582; vgl. Hans Binnendijk, Jacqueline Carpenter, Building a Multilateral Civilian Surge, in: Julian Lindley-French, Yves Boyer (Hrsg.), The Oxford Handbook of War, Oxford 2014, S. 586 ff.; 594

[379] Julian Lindley-French, Paul Cornish, Andrew Rathmell, Clear, Hold and Build: Operationalizing the Comprehensive Approach, in: Julian Lindley-French, Yves Boyer (Hrsg.), The Oxford Handbook of War, Oxford 2014, S. 573 ff.; 583; vgl. Ulrich Schlie, Lehren aus dem Afghanistaneinsatz: Eine Bilanz aus deutscher Sicht, in: Robin Schroeder, Stefan Hansen (Hrsg.), Stabilisierungseinsätze als gesamtstaatliche Aufgabe. Erfahrungen und Lehren aus dem deutschen Afghanistaneinsatz zwischen Staatsaufbau und Aufstandsbewältigung (COIN), Baden-Baden 2015, S. 387 ff.

[380] Dirk Freudenberg, Spezial und Spezialisierte Kräfte im Spektrum des gesamtstaatlichen „Interagency-Interaction-Ansatzes", in: Der Deutsche Fallschirmjäger, Schwerpunktheft Spezial- und Spezielle Operationen, Heft 3, 2008, S. 22 ff.; 26; vgl. Dirk Freudenberg, Theorie des Irregulären. Partisanen, Guerillas und Terroristen im modernen Kleinkrieg, Wiesbaden 2008, S. 390 ff.; vgl. Wolfgang Lauenroth, Spezialkräfte der Bundeswehr im Einsatz: Vom Kampf gegen den Terrorismus zur Unterstützung von einheimischen Sicherheitskräften in einer Aufstandsbekämpfung, in: Robin Schroeder, Stefan Hansen (Hrsg.), Stabilisierungseinsätze als gesamtstaatliche Aufgabe. Erfahrungen und Lehren aus dem deutschen Afghanistaneinsatz zwischen Staatsaufbau und Aufstandsbewältigung (COIN), Baden-Baden 2015, S. 347 ff.

nicht nur die unmittelbaren Folgen einzubeziehen, sondern ebenso die Auswirkungen auf alle anderen Akteure. Das gesamte Spektrum des politikwissenschaftlichen Pentagons[381] ist umfassend und tiefgreifend zu berücksichtigen und zu untersuchen. Ein isoliertes Vorgehen gegen Irreguläre Kräfte im Modernen Kleinkrieg ist – wie die aktuell verlaufenden Konflikte zeigen – häufig unzureichend und oftmals in den Auswirkungen und Reaktionen auch kontraproduktiv. Die Fähigkeiten und Wirkmittel der unterschiedlichen, zum Einsatz kommenden Ressorts und Akteure müssen hinsichtlich ihrer Effektivität und Wirksamkeit ausgewählt, synchronisiert und getaktet werden, aber nicht nach Maßstäben, welche durch Akteurs- und Ressortinteressen sowie entsprechende Egoismen getrieben sind. Mithin bedarf es einer politischen Abstimmung auf den politischen Endzweck und die strategischen Ziele bei gleichzeitiger Umsetzung derselben auf den entsprechenden operativen und taktischen Ebenen. So ist in seiner modernen Bedeutung „Counterinsurgency" auch als Wettstreit zwischen der Ordnungsmacht und den Insurgenten um die Gunst der Bevölkerung zu sehen, in dem es weniger darauf ankommt, das Gegenüber physisch zu vernichten, als die Interessen und Bedürfnisse der Bevölkerungen zu begreifen und durch entsprechendes Handeln das Vertrauen und den Rückhalt zu gewinnen. Gleichwohl weist Rudolf in seiner Studie darauf hin, dass die empirische Bilanz insbesondere jener Fälle, in denen eine externe Macht der wichtigste COIN-Akteur war, wenig Anlass zu Optimismus biete.[382] Gleichzeitig ist es wesentlich für eine erfolgreiche Aufstandsbekämpfung, dass aus den Operationen und Feldzügen gelernt wird und sich auch die Streitkräfte als lernende Organisationen begreifen[383] und sich in ihrer personellen

---

[381] Dirk Freudenberg, Die Interaktion von Staaten und parastaatlichen Akteuren, in: Martin H.W. Möllers, Robert van Ooyen (Hrsg.), Jahrbuch Öffentliche Sicherheit 2011/2012, 2. Halbband, Frankfurt 2011, S. 329

[382] Peter Rudolf, Zivil-militärische Aufstandsbekämpfung. Analyse und Kritik der Counterinsurgency-Doktrin, SWP-Studie, S 2, Berlin, Januar 2011, S. 6

[383] vgl. John A. Nagl, Learning to eat Soup with a Knife. Counterinsurgency Lessons from Malaya and Vietnam, Chicago, London 2005, S. 3 ff.; vgl. John A. Nagl, Foreword to the University of Chicago Press Edition, in: United States Department of the Army (Hrsg.), The U.S. Army/Marine Corps Counterinsurgency Field Man-

Zusammensetzung, ihrer organisatorischen Gliederung, ihrer Ausrüstung und Bewaffnung, ihren Einsatzgrundsätzen und -Doktrinen, sowie ihrer Ausbildung diesen Gegebenheiten im jeweiligen Operationsumfeld anpassen. Einer umfassenden einsatzvorbereitenden Ausbildung, welche die Komplexität der Aufgabe berücksichtigt, kommt eine besondere Bedeutung zu.[384] Aber auch die Gegenseite, die Insurgenten, lernen und passen ihre Strategien und taktischen Einsatzgrundsätze den notwendigen Gegebenheiten an. Bekämpfungen von Aufständen werden daher auch als Wettkämpfe im Lernen bezeichnet.[385] Die örtliche Autorität basiert häufig auf einem anderen Recht- und Werteverständnis als dem des Grundgesetzes der Bundesrepublik Deutschland[386] und ist auch sonst westlich geprägten Menschen oftmals zutiefst befremdlich. Eine Aufstandsbekämpfung kann nur erfolgreich sein, wenn die eigenen Werte und Normen der Ordnungsmacht nicht unreflektiert auf das Einsatzgebiet projiziert werden, sondern maßvoll in den politisch-religiösen und kulturellen Kontext eingepasst werden und entsprechende Akzeptanz bei der Bevölkerung finden. Die eigenen Wertvorstellungen müssen häufig gegenüber angestammtem Recht, traditionellen Werten und Normen der Bevölkerung zurückstehen – auch wenn diese den eigenen kulturellen Vorstellungen widersprechen.[387] Der unreflektierte Import einer demokratischen Staatsform westlichen Zuschnitts ohne ausreichende und breite

---

ual: U.S. Army Field Manual No. 3-24: Marine Corps Warfighting Publication No. 3-33.5, Chicago, London 2007, S. xiii ff.; xiv; *Interessant in diesem Zusammenhang:* Sebastian K. Buciak, Anatomie eines Innovationsprozesses – Die US-Army als lernende Organisation im 3. Golfkrieg, in: Thomas Jäger (Hrsg.), Die Welt nach 9/11. Auswirkungen des Terrorismus auf Staatenwelt und Gesellschaft, Wiesbaden 2011, S. 589

[384] British Army (Hrsg.), Field Manuel Countering Insurgency, Volume 1, Part 10, October 2009, S. 1-3

[385] Headquarters Department of the Army, Counterinsurgency Aufstandsbekämpfung, Deutsche Übersetzung, Field Manual No: 3-24, Marine Corps Warfighting Publication 3-33.5, 15. Dezember 2006, S. xii

[386] Inspekteur des Heeres, Handlungsempfehlungen zur Aufstandsbewältigung. Handreichung für Truppenführer, Strausberg, 18. März 2013, S. 5

[387] Inspekteur des Heeres, Handlungsempfehlungen zur Aufstandsbewältigung. Handreichung für Truppenführer, Strausberg, 18. März 2013, S. 12

Akzeptanz im Lande kann auf Grund kultureller Distanz allenfalls eingeschränkt tragfähig sein. Das gilt insbesondere dann, wenn regelorientierte westliche Staaten auf beziehungsorientierte Gesellschaften und Strukturen treffen. Zugleich ist zu akzeptieren, dass die verlustaversen westlichen Staaten und ihre militärischen Kräfte auf Irreguläre Kräfte treffen können, die dies eben nicht sind und vielmehr bereit sind, auch aus ihrem gesellschaftlichen Umfeld Opfer zu bringen und Verluste zu tragen. Aufständische sind dagegen dann erfolgreich, wenn sie die militärorganisatorische wie waffentechnische Überlegenheit ihres Gegners durch eine gesteigerte Leidens- und Opferbereitschaft, die sich nicht nur auf die Gruppe der Aufständischen selbst beschränkt, sondern die gesamte Bevölkerung des Aufstandsgebietes erfasst, ausgleichen können.[388] Nur wenn diese Grundsätze Berücksichtigung finden, kann schwache Staatlichkeit mit Hilfe von Counterinsurgency überwunden werden und die Voraussetzungen für eine stabile Nachkriegsordnung geschaffen werden. Das FM 3-24 geht über den Ansatz einer klassischen Ausbildungsvorschrift hinaus, welche konkrete Handlungsverfahren und -abläufe für das taktische Verhalten vermitteln will, sondern sie leistet vielmehr einen Brückenschlag zwischen strategischen und operativen Überlegungen, welche auf Wirkung im operativen Gesamtumfeld abzielen und konkreten taktischen Ansätzen zu deren Umsetzung.[389] Die Wirkansätze sind also nicht unbedingt direkter, sondern oftmals indirekter Art; auf der Zeitachse sind ihre Wirkdimensionen häufig unterschiedlich ausgelegt. Das betrifft insbesondere die Zeit- und Planungshorizonte ziviler

---

[388] Thomas Speckmann, Die Asymmetrie von Täter und Opfer – Zum Verhältnis von Kombatant und Nichtkombattant in den Kriegen der Gegenwart, in: Sebastian Buciak (Hrsg.), Asymmetrische Konflikte im Spiegel der Zeit, Berlin 2008, S. 88 ff.; 98

[389] Dirk Freudenberg, „Directed Telescope" Das COMISAF Advisory and Assistance Team (CAAT) im Counterinsurgency-Einsatz in Afghanistan, in: Der Deutsche Fallschirmjäger 2012, Heft 4, S. 16 ff.; 16; vgl. Dirk Freudenberg, Ein "geführtes Teleskop" – Das CAAT als strategisches Instrument der Aufstandsbekämpfung, in: ZFAS 2013, Heft 1, S. 35; 37

und militärischer Akteure.[390] Mithin bedarf es hier einer sorgfältigen Analyse der Auswirkungen des möglichen Handlungsspektrums, wie auch in der Umsetzung einer entsprechenden Synchronisation und Taktung der tatsächlich zum Ansatz zu bringenden Fähigkeiten, Mittel und Kräfte. Die Aufgabe des Militärs ist es hierbei, entsprechend der politischen Vorgaben, das militärisch Verantwortbare umzusetzen.[391] Zugleich müssen zivile Experten in allen Phasen, beginnend mit der Vorplanung bis zum erreichten Friedenszustand, eingebunden werden.[392] Die Aufgabe der Politik muss es sein, insbesondere der eigenen Bevölkerung Sinn und Zweck des Einsatzes zu vermitteln, um die Akzeptanz des Einsatzes zu erreichen, so dass – gerade auch bei Rückschlägen und Verlusten – der Einsatz auch über einen langen Zeitraum von der eigenen Bevölkerung mitgetragen wird. Aus dem Vorstehenden wird deutlich, dass die Aufstandsbekämpfung, dass Counterinsurgency nur eine Phase, also ein (begleitender) Abschnitt in einem Prozess zur Stabilisierung staatlicher Ordnung sein kann.

---

[390] vgl. Frank Pieper, Joachim Miller, Verbesserung der zivil-militärischen Zusammenarbeit im Einsatz, in: Europäische Sicherheit & Technik 2013, Heft 2, S. 32 ff.; 33

[391] Dirk Freudenberg, „Directed Telescope" Das COMISAF Advisory and Assistance Team (CAAT) im Counterinsurgency-Einsatz in Afghanistan, in: Der Deutsche Fallschirmjäger 2012, Heft 4, S. 16 ff.; 17; vgl. Dirk Freudenberg, Ein "geführtes Teleskop" – Das CAAT als strategisches Instrument der Aufstandsbekämpfung, in: ZFAS 2013, Heft 1, S. 35; 39

[392] vgl. Hans Binnendijk, Jacqueline Carpenter, Building a Multilateral Civilian Surge, in: Julian Lindley-French, Yves Boyer (Hrsg.), The Oxford Handbook of War, Oxford 2014, S. 586 ff.; 587

Literatur- und Quellenverzeichnis

Aaron, David (Hrsg.), Three Years after. Next Steps in The War on Terror, Santa Monica 2005

AG JACOP, Positionspapier Counterinsurgency (COIN). Beitrag der Landstreitkräfte, Februar 2011

Alamir Fouzieh Melanie, Rolle des ausländischen Militärs beim Peacebuilding, in: Uwe Hartmann (Hrsg.), Lernen von Afghanistan. Innovative Wege und Mittel für Auslandseinsätze, Berlin 2015, S. 96 ff.

Alamir, Fouzieh Melanie, Vernetzte Sicherheit – Quo Vadis?, Berlin 2015

Alderson, Alexander, Counterinsurgency as a Whole of Gouvernment Approch: Notes on the British Army Field Manual Weltanschauung, in: Manea, Octavian, An Interview with Colonel Alexander Alderson, http://smallwarsjournal.com/blog/journal/docs-temp/657-manea.pdf, S. 2; Internet vom 26.01.2011

Alderson, Alexander, US COIN Doctrine and Practice: An Ally's Perspective, in: Parameters, Winter 2007-08, S. 33. ff.

Amidror, Yaakov, Asymmetrische Kriegsführung – Die israelische Perspektive, in: http//jer-zentrum.org/ViewArticle.aspx?ArticleId=137, S. 3 f., Internet vom 16.12.2008

Anderson, Mary B., Do No Harm. How Aid can support Peace – or War, London 1999

Anderson, Troy, Insurgent Justice, in: COIN Common Sense July 2010, Heft 3, S. 8

Arendt, Hannah, Macht und Gewalt, 18. Aufl., München 2008

Army Field Manual, Combined Armes Operations. Part 10. Counterinsurgency. (Strategic and Operational Guidelines), 2001

Arnold, James R., Jungle of Snakes. A Century of Counterinsurgency Warfare from the Philippines to Iraq, New York 2010

Arnold, Klaus Jochen, Ius in bello und Guerillakrieg, in: Die Politische Meinung, April 2011, S. 50 ff.

Art, Robert J.; **Waltz,** Kenneth N. (Hrsg.), The Use of Force. Military Power and International Politics, Oxford 1999

Auswärtiges Amt, Bundesministerium der Verteidigung, Bundesministerium für Wirtschaftliche Zusammenarbeit und Entwicklung, Für eine kohärente Politik der Bundesregierung gegenüber fragilen Staaten – Ressortübergreifende Leitlinien – o.OA., August 2012; http://www.bmz.de/de/zentrales_downloadarchiv/Presse/leitlinien_fragile_staaten.pdf; Internet vom 29.02.2013

B. Taillon. Paul de, The Evolution of Special Forces in Counter-Terrorism. The British and American Experience, London 2001

Barbin, Jéronimo; **Tettweiler,** Frank, Strategiewechsel in Afghanistan? Counterterrorism und Anstöße für eine deutsche Diskussion, in: SWP, FG03 AP 01, Berlin 2013

Beck, Ulrich, Der kosmopolitische Blick oder: Krieg ist Frieden, München 2004

Beckmann, Rasmus, Clausewitz trifft Luhmann. Eine systemtheoretische Interpretation von Clausewitz' Handlungstheorie, Wiesbaden 2011

Benton, William, (Hrsg.), Encyclopedia Britannica, Bd. 12, Chicago, London, Toronto, Genf, Sidney 1964

Binnendijk, Hans; **Carpenter,** Jacqueline, Building a Multilateral Civilian Surge, in: Lindley-French, Julian; Boyer, Yves (Hrsg.), The Oxford Handbook of War, Oxford 2014, S. 586 ff.

Blumröder, Christian von, Shape, Clear, Hold, Build – Die Operation HALMAZAG des Ausbildungs- und Schutzbataillons Kunduz, in: Schroeder, Robin; Hansen, Stefan (Hrsg.), Stabilisierungseinsätze als gesamtstaatliche Aufgabe. Erfahrungen und Lehren aus dem deutschen Afghanistaneinsatz zwischen Staatsaufbau und Aufstandsbewältigung (COIN), Baden-Baden 2015, S. 233 ff.

Bonacker, Thorsten; **Daxner,** Michael; **Fee,** Jan H.; **Zürcher,** Christoph (Hrsg.), Interventionskultur. Zur Soziologie von Interventionsgesellschaften, Wiesbaden 2010

Boot, Max, Small Wars and the Rise of American Power. The Savage Wars of Peace, New York 2003

Borgert, Heinz-Ludger, Grundzüge der Landkriegsführung von Schlieffen bis Guderian, in: Militärgeschichtliches Forschungsamt (Hrsg.), Deutsche Militärgeschichte in sechs Bänden. 1648-1939, Bd. 6, Abschnitt IX Grundzüge der militärischen Kriegsführung 1648-1939, München 1983, S. 427 ff.

Bossard, Robert, Die Gesetze von Politik und Krieg, Bern, Stuttgart 1990, S. 532

Bradley, Dermot; **Borgert,** Heinz-Ludger; **Zeller,** Wolfram (Hrsg.), MARS. Jahrbuch für Wehrpolitik und Militärwesen, Jg. 2 (1996), Osnabrück 1996

Braml, Josef; **Risse,** Thomas; **Sandschneider,** Eberhard (Hrsg.), Einsatz für den Frieden. Sicherheit und Entwicklung in Räumen begrenzter Staatlichkeit. Jahrbuch Internationale Politik, Bd. 28, München, 2010

Braml, Josef; **Risse,** Thomas; **Sandschneider** Eberhard, Einleitung: staatliche und supranationale Akteure in Räumen begrenzter Staatlichkeit, in: Braml, Josef; Risse, Thomas; Sandschneider Eberhard (Hrsg.), Einsatz für den Frieden. Sicherheit und Entwicklung in Räumen begrenzter Staatlichkeit. Jahrbuch Internationale Politik, Bd. 28, München, 2010, S. 3 ff.

Brecht, Arnold, Politische Theorie, Die Grundlagen politischen Denkens im 20. Jahrhunderts, 2. Aufl. Tübingen 1976

Bredow, Wilfried von, Partisanen jenseits von Staatlichkeit, in: Europäische Sicherheit & Technik 2015, Heft 9, S. 13 ff.

British Army (Hrsg.), Field Manuel Countering Insurgency, Volume 1, Part 10, October 2009

Brockhaus Enzyklopädie, Bd. 10, 19. Aufl. Mannheim 1989

Broschk, Florian, Counterterrorism und Counterinsurgency im Afghanistaneinsatz: Die Provinz Balkh, in: ISPK (Hrsg.), Jahrbuch Terrorismus 2011/2012, Opladen, Berlin, Toronto 2012, S. 389 ff.

Brugmann, Gerhard, Nationale militärische Verteidigung im Kalten Krieg in: Bradley, Dermot; Borgert, Heinz-Ludger; Zeller, Wolfram (Hrsg.), MARS. Jahrbuch für Wehrpolitik und Militärwesen, Jg. 2 (1996), Osnabrück 1996, S. 309 ff.

Bruns, Sebastian, Die USA zehn Jahre nach 9/11: „In Search of Monsters to Destroy", in: ISPK (Hrsg.), Jahrbuch Terrorismus 2011/2012, Opladen, Berlin, Toronto 2012, S. 337 ff.

Buciak, Sebastian (Hrsg.), Asymmetrische Konflikte im Spiegel der Zeit, Berlin 2008

Buciak, Sebastian K., Anatomie eines Innovationsprozesses – Die US-Army als lernende Organisation im 3. Golfkrieg, in: Jäger, Thomas (Hrsg.), Die Welt nach 9/11. Auswirkungen des Terrorismus auf Staatenwelt und Gesellschaft, Wiesbaden 2011, S. 589 ff.

Bundesakademie für Sicherheitspolitik (Hrsg.), Sicherheitspolitik in neuen Dimensionen. Ergänzungsband 2, Hamburg, Berlin, Bonn 2009

Bundesminister der Verteidigung, HDv 100/100. Truppenführung (TF), Bonn 1962

Bundesministerium der Verteidigung – Der Bundesminster (Hrsg.), Verteidigungspolitische Richtlinien, Berlin 27. Mai 2011

Bundesministerium der Verteidigung, Generalinspekteur der Bundeswehr, Teilkonzeption Schutz von Kräften und Einrichtungen der Bundeswehr im Einsatz [TK Schutz), Bonn, 2006

Bürger, Alexandra, „Winning heards and minds" zwischen Theorie und Praxis: Die britischen Erfahrungen in Malaya, in: Sebaldt, Martin; Straßner, Alexander (Hrsg.), Aufstand und Demokratie. Counterinsurgency als normative und praktische Herausforderung, Wiesbaden 2011, S. 185 ff.

Burke, Edward, Leaving the Civilians Behind. The "Soldier-diplomat" in Afghanistan and Iraq, in: PRISM 1, No. 2, http://www.ndu.edu/press/lib/images/prism1-2/3_Prism_27-46_Burke.pdf; Internet vom 07.03.2011

Bush, George W., Today we mourn, tomorrow we work, in: http://georgewbush-whitehouse.archives.gov/news/releases/2001/09/20010916-2.html; Internet vom 03.11.2012

Callies, Jörg, (Hrsg.), Vom Gebrauch des „traurigen Notmittels" Krieg. Welche militärischen Operationen können politische Ziele fördern, 1. Aufl., Rehburg-Loccum 2001

Callies, Jörg, Nachdenken über Bedingungen und Möglichkeiten militärischer Intervention im Interesse einer Stärkung ziviler Konfliktbearbeitung, in: Callies, Jörg (Hrsg.), Vom Gebrauch des „traurigen Notmittels" Krieg. Welche militärischen Operationen können politische Ziele fördern, 1. Aufl., Rehburg-Loccum 2001, S. 5 ff.

Cimbala, Stephen J., Clausewitz und Chaos. Friction in War and Military Policy, Westport, London 2001

Clark, Wesley K., Waging Modern War. Bosnia, Kosovo and the Future of Combat, New York 2001

COMISAF Advisory and Assistance Team, Guidelines in Partnering for Transition, in: CAAT Special Report, December 2011

Clausewitz, Carl von, Vom Kriege, in: Hahlweg, Werner (Hrsg.),

Hinterlassenes Werk des Generals von Clausewitz, 16. Aufl., Bonn 1952, S. 71 ff.

Clausewitz-Gesellschaft (Hrsg.), Jahrbuch 2011, Hamburg 2011

Clavell, James, (Hrsg.), Sunzi, Die Kunst des Krieges, München 1989, S. 63

Cohen, Elliot A., Preface, in: US-Government, Counterinsurgency Guide, 13. Januar 2009, vor S. 1

Collins, John M., Military Strategy. Principles, Practices, and historical Perspectives, Washington, D.C.2008

Collins, John M., Special Operation Forces. An Assessment, Honolulu, Hawai, 2005

Corum, James S., Fighting the War on Terror. A Counterinsurgency Strategy, St. Paul, MN, 2007

Creveld, Martin van, Gesichter des Krieges. Der Wandel bewaffneter Konflikte von 1900 bis heute, 2. Aufl., München 2009

Creveld, Martin van, Grausamkeit oder Zurückhaltung, Wie reguläre Armeen asymmetrische Kriege gewinnen können, in: IP, April 2006, S. 86 ff.

Daase, Christopher, Clausewitz and Small Wars, in: Strachan, Hew; Herberg-Rothe, Andreas, Clausewitz in the Twenty-First Century, Oxford 2009, S. 182 ff.

Daase, Christopher; **Schindler,** Sebastian, Clausewitz, Guerillastrategie und Terrorismus. Zur Aktualität einer missverstandenen Kriegstheorie, in: Politische Vierteljahresschrift, 2009, S. 701 ff.

Dach, Hans von, Der totale Widerstand, Kleinkriegsanleitung für Jedermann, 2. Aufl., Bern 1958

Debiel, Tobias, Kosten des Krieges, Chancen des Wiederaufbaus – Überlegungen zum Nutzen der Friedenskonsolidierung, in: Münkler, Herfried; Malowitz, Karsten (Hrsg.), Humanitäre Intervention. Ein Instrument außenpolitischer Konfliktbearbeitung. Grundlagen und Diskussion, Wiesbaden 2008, S. 243 ff

Department of the Army, U.S. Army Counterguerrilla Operations Handbook, Guilford, Connecticut 2004

Dietl, Clara-Erika, Egon Lorenz, Wörterbuch für Recht, Wirtschaft und Politik, Teil I, Englisch – Deutsch, München 2000

Direktorate of Land Warfare, Operation SERVAL – French Intervention Operation in Mali 2013. Lessons and Insights, LXC Newsletter, July 2013, S. 5

Dohmen Axel, Die Perspektive des Bundesministers der Verteidigung und der Bundeswehr, in: Schroeder, Robin; Hansen, Stefan (Hrsg.), Stabilisierungseinsätze als gesamtstaatliche Aufgabe. Erfahrungen und Lehren aus dem deutschen Afghanistaneinsatz zwischen Staatsaufbau und Aufstandsbewältigung (COIN), Baden-Baden 2015, S. 179 ff.

DSS (Hrsg.), Clausewitz- und Engels-Forschung mit Blick auf eine europäische Strategie- und Militärwissenschaft für die neunziger Jahre. (Werkstattgespräche), Heft 4, 1990

Duden, Das Fremdwörterbuch, 4. Aufl. Mannheim, Wien, Zürich 1982

Ellis, John, From the Barrel of a Gun. A history of Guerrilla, Revolutionary and Counter-Insurgency Warfare, from the Romans to the Present, London 1995

Erhard, Hans-Georg; **Kaestner,** Roland, Aufstandsbekämpfung+ Staatsaufbau = Stabilisierung?, in: S+F 2010, Heft 4, S. 195 ff.;

Erhard, Hans-Georg; **Kästner,** Roland, Aufstandsbekämpfung, Konzept für Deutsche Sicherheitspolitik? Lehren aus Afghanistan, in: Hamburger Informationen zur Friedensforschung und Sicherheitspolitik, Ausgabe 48, 2010

Fowler, William, Operation Barras. The SAS Rescue Mission: Sierra Leone 2000, London 2004

Freedman, David, Low Intensity War heißt Totaler Krieg, in: WISK (Hrsg.), Counterinsurgency Planning Guide, West-Berlin 1986, S. V ff.

Freudenberg, Dirk Grundsätzliche Anmerkungen zu Problemen der Ressort- und Ebenen übergreifenden Abstimmung im Sinne des Ansatzes Vernetzter Sicherheit, in: Möllers, Martin H.W.; Ooyen Robert van (Hrsg.), Jahrbuch Öffentliche Sicherheit, Frankfurt 2012, S. 265 ff.

Freudenberg, Dirk, Counterinsurgency als Phase zur Überwindung schwacher Staatlichkeit und zur Etablierung einer stabilen Nachkriegsordnung, in: Möllers, Martin H.W.;Ooyen Robert Chr. van (Hrsg.), Jahrbuch Öffentliche Sicherheit 2012/2013, Frankfurt 2013, S. 285 ff.

Freudenberg, Dirk, „Directed Telescope" Das COMISAF Advisory and Assistance Team (CAAT) im Counterinsurgency-Einsatz in Afghanistan, in: Der Deutsche Fallschirmjäger 2012, Heft 4, S. 16 ff.

Freudenberg, Dirk, Bemerkungen zu strategischen Herausforderungen der Ressort- und Ebenen übergreifenden Abstimmung im Sinne des Ansatzes Vernetzter Sicherheit, in: Unger, Christoph; Mitschke, Thomas, Freudenberg, Dirk (Hrsg.), Krisenmanagement – Notfallplanung – Bevölkerungsschutz. Festschrift anlässlich 60 Jahre Ausbildung im Bevölkerungsschutz dargebracht von Partnern, Freunden und Mitarbeitern des Bundesamtes für Bevölkerungsschutz und Katastrophenhilfe Berlin 2013, S. 71 ff.

Freudenberg, Dirk, Civil Military Co-operation CIMIC. Developments and Tendencies of Security Policy in a Changed Environment, in Safety & Security International, Heft 6, 2008, S. 37

Freudenberg, Dirk, Das COMISAF Advisory and Assistance Team (CAAT) als strategisches Instrument im Counterinsurgency-Einsatz in Afghanistan, in: Schroeder Robin; Hansen, Stefan (Hrsg.), Stabilisierungseinsätze als gesamtstaatliche Aufgabe. Erfahrungen und Lehren aus dem deutschen Afghanistaneinsatz zwischen Staatsaufbau und Aufstandsbewältigung (COIN), Baden-Baden 2015, S. 369 ff.

Freudenberg, Dirk, Das COMISAF Advisory and Assistance Team (CAAT) als strategisches Instrument im Counterinsurgency Einsatz in Afghanistan, in: Schroeder, Robin; Hansen, Stefan (Hrsg.), Stabilisierungseinsätze als gesamtstaatliche Aufgabe. Erfahrungen und Lehren aus dem deutschen Afghanistaneinsatz zwischen Staatsaufbau und Aufstandsbewältigung (COIN), Baden-Baden 2015, S. 369 ff.

Freudenberg, Dirk, Das COMISAF Advisory and Assistance Team, in: Europäische Sicherheit und Technik 2012, Heft 9, 2012, S. 41 ff.

Freudenberg, Dirk, Der Einsatz der Streitkräfte im bevölkerungsorientierten „Comprehensive Approach", in: ÖMZ 2012, S. 523 ff.

Freudenberg, Dirk, Die Interaktion von Staaten und parastaatlichen Akteuren, in: Möllers, Martin H.W.; Ooyen, Robert van (Hrsg.), Jahrbuch Öffentliche Sicherheit 2011/2012, 2. Halbband, Frankfurt 2011, S. 329 ff.

Freudenberg, Dirk, Die Universalität der Methoden Irregulärer Kräfte am Beispiel der Konzepte Hans von Dachs und Carlos Marighellas, in: Jäger, Thomas; Beckmann, Rasmus (Hrsg.), Handbuch Kriegstheorien, Wiesbaden 2011, S. 310 ff.

Freudenberg, Dirk, Directed Telescope. Das COMISAF Advisory and Assistance Team (CAAT) in Afghanistan, in: Behördenspiegel Oktober 2012, S. 49

Freudenberg, Dirk, Ein "geführtes Teleskop" – Das CAAT als strategisches Instrument der Aufstandsbekämpfung, in: ZFAS 2013, Heft 1

Freudenberg, Dirk, Irreguläre Kräfte und der interessierte Dritte im modernen Kleinkrieg, in: Jäger, Thomas (Hrsg.), Die Komplexität der Kriege, Wiesbaden 2010, S. 179 ff.

Freudenberg, Dirk, Militärische Führungsphilosophien und Führungskonzeptionen ausgewählter NATO- und WEU-Staaten im Vergleich, Baden-Baden 2005

Freudenberg, Dirk, Spezial und Spezialisierte Kräfte im Spektrum des gesamtstaatlichen „Interagency-Interaction-Ansatzes", in: Der Deutsche Fallschirmjäger, Schwerpunktheft Spezial- und Spezielle Operationen, Heft 3, 2008, S. 22 ff.

Freudenberg, Dirk, Theorie des Irregulären. Partisanen, Guerillas und Terroristen im modernen Kleinkrieg, Wiesbaden 2008

Friedel, Andreas, „Hearts and minds" vs. „Carrots and sticks"? Modernisierungstheoretische und rational choice-Ansätze der Counterinsurgency-Forschung im Wettbewerb, in: Sebaldt, Martin; Straßner, Alexander (Hrsg.), Aufstand und Demokratie. Counterinsurgency als normative und praktische Herausforderung, Wiesbaden 2011, S. 92 ff.

Fritz, Hans-Werner; **Staigis**; Hendrik; **Weber**, Matthias, Counterinsurgency und Führungsverantwortung im Einsatz am Beispiel ISAF im Jahr 2010, in: Schroeder, Robin; Hansen, Stefan (Hrsg.), Stabilisierungseinsätze als gesamtstaatliche Aufgabe. Erfahrungen und Lehren aus dem deutschen Afghanistaneinsatz zwischen Staatsaufbau und Aufstandsbewältigung (COIN), Baden-Baden 2015, S. 211 ff.

Fukuyama, Francis, Staaten bauen. Die neue Herausforderung internationaler Politik, Berlin 2004

Gablik, Axel, „It's all about perception" – ISAF und das Wirken im Informationsumfeld, in: Schroeder, Robin; Hansen, Stefan (Hrsg.), Stabilisierungseinsätze als gesamtstaatliche Aufgabe. Erfahrungen und Lehren aus dem deutschen Afghanistaneinsatz zwischen Staatsaufbau und Aufstandsbewältigung (COIN), Baden-Baden 2015, S. 303 ff.

Galula, David, Counterinsurgency Warfare, Theory and Practice, Westport, Connecticut, London, 2006

Gast, Hendrik, Counterinsurgency – Herausforderung für die Demokratietheorie: Zu den normativen Implikationen des Problems, in: Sebaldt, Martin: Straßner, Alexander (Hrsg.), Aufstand und Demokratie. Counterinsurgency als normative und praktische Herausforderung, Wiesbaden 2011, S. 114 ff.

Gauster, Markus, Richtlinien und Wirkung zivil-militärischer Interaktion. Theorie und praktische Erfahrungen am Beispiel EUFOR Tcad/RCA, Wien 2010

GD, W. L., Insurgency, in: Benton, William, (Hrsg.), Encyclopedia Britannica, Bd. 12, Chicago, London, Toronto, Genf, Sidney 1964, S. 456 f.

German Army Office, Division I – Army Developement, Division II – Army Training, Preliminary Basics for the Role of Landforces in Counterinsurgency, Köln 2010

Gießmann, Hans J.; **Rinke,** Bernhard, (Hrsg.), Handbuch Frieden, Wiesbaden 2011

Goertz, Stefan, Die Streitkräfte demokratischer Staaten in den Kleinen Kriegen des 21. Jahrhunderts. Analyse der doktrinären und organisationsstrukturellen Eignung der U.S.-Streitkräfte für die Counterinsurgency-Aufgaben Kleiner Kriege, Berlin 2012

Gompert, David C.; **Gordon,** John IV, War by Other Means. Building complete and balanced Capabilities for Counterinsurgency, Santa Monica 2008

Guggenberger, Bernd, „Verflüssigung" der Politik – was dann?, in: APUZ 38 – 39/2012, S. 10 ff.

Gurria, Angel, Foreword, in: OECD (Hrsg), Supporting Statebuilding in Situations of Conflict and Fragility, o.OA. 2011, S. 3

Hahlweg, Werner (Hrsg.), Hinterlassenes Werk des Generals von Clausewitz, 16. Aufl., Bonn 1952

Hahlweg, Werner, Aspekte des Kleinkrieges in Geschichte und Gegenwart, in: ASMZ 1968, S. 501 ff.

Halbauer, Volker, Der Comprehensive Approach – Teil der „Gene" des I. (Deutsch/Niederländischen) Korps, in: Schroeder, Robin; Hansen, Stefan (Hrsg.), Stabilisierungseinsätze als gesamtstaatliche Aufgabe. Erfahrungen und Lehren aus dem deutschen Afghanistaneinsatz zwischen Staatsaufbau und Aufstandsbewältigung (COIN), Baden-Baden 2015, S. 103 ff.

Hartmann, Uwe, (Hrsg.), Lernen von Afghanistan. Innovative Wege und Mittel für Auslandseinsätze, Berlin 2015

Hartmann, Uwe, Krieg ohne Kampf? Zur Reintegration von Aufständischen in Afghanistan, in: Hartmann, Uwe, (Hrsg.), Lernen von Afghanistan. Innovative Wege und Mittel für Auslandseinsätze, Berlin 2015, S. 76 ff.

Hartmann, Uwe, War without Fighting? The Reintegration of former Combatants in Afghanistan seen through the Lens of Strategic Thought, Berlin 2014

Headquarters Department of the Army, Counterinsurgency Aufstandsbekämpfung, Deutsche Übersetzung, Field Manual No: 3-24, Marine Corps Warfighting Publication 3-33.5, 15. Dezember 2006

Headquarters Department of the Army, FM 24-3.2, Tactics in Counterinsurgency, April 2009

Heeresamt, Vorläufiger Beitrag von Landstreitkräften zur Herstellung von Sicherheit und Ordnung in Krisengebieten, Köln Juni 2010

Heinsohn, Gunnar, Söhne und Weltmacht. Terror im Aufstieg und Fall der Nationen, 6. Aufl. 2006

Heraklit, Fragmente, 14. Aufl., Zürich, München 2007

Herberg-Rothe, Andreas, Der Krieg. Geschichte und Gegenwart, Frankfurt am Main 2003

Heupel, Monika, Prekäre Staaten als Gefahrenherde: Terrorismus und Verbreitung von Massenvernichtungswaffen, in: Braml, Josef; Risse, Thomas; Sandschneider Eberhard (Hrsg.), Einsatz für den Frieden. Sicherheit und Entwicklung in Räumen begrenzter Staatlichkeit. Jahrbuch Internationale Politik, Bd. 28, München, 2010, S. 64 ff.

Heuser, Beatrice, Santa Cruz de Marcenado (1684-1732): Aufstandsbekämpfung im Zeitalter der Aufklärung, in: Buciak, Sebastian (Hrsg.), Asymmetrische Konflikte im Spiegel der Zeit, Berlin

2008, S. 113 ff.

Hippler, Jochen, „Counterinsurgency" – Neue Einsatzformen für die NATO?, in: APuZ 43/2006, S. 24 ff.

Hippler, Jochen, Counterinsurgency – Theorien unkonventioneller Kriegführung: Callwell, Thompson, Smith und das US Army Field Manual 3-24, in: Jäger, Thomas; Beckmann, Rasmus (Hrsg.), Handbuch Kriegstheorien, Wiesbaden 2011, S. 256 ff.

Höffe, Otfried, Lexikon der Ethik, 6. Aufl., München 2002

Hoffman, Bruce; **Taw,** Jennifer M., Defense Policy and Low-Intensity Conflict. The Developement of Britain's „Small Wars" Doctrine During the 1950s, Santa Monica 1954

Holzmeier, Carolin; **Hederer,** Franz, Zwischen Counterinsurgency und regulärem Krieg, in: Sebaldt, Martin; Straßner, Alexander (Hrsg.), Aufstand und Demokratie. Counterinsurgency als normative und praktische Herausforderung, Wiesbaden 2011, S. 222 ff.

Howard, Michael, Foreword, in: Lindley-French, Julian; Boyer, Yves (Hrsg.), The Oxford Handbook of War, Oxford 2014, S. vii f.

Howard, Michael, Foreword, in: Corum, James S., Fighting the War on Terror. A Counterinsurgency Strategy, St. Paul, MN, 2007, S. 7 ff.

Howard, Nigel, Confrontation Analysis. How to Win Operations Other Than War, Washington 1999

Hühnert, Dorte, Der 11. September 2001 und Afghanistan – Ein strategisches Dilemma, in: Jäger, Thomas (Hrsg.), Die Welt nach 9/11. Auswirkungen des Terrorismus auf Staatenwelt und Gesellschaft, ZFAS Sonderheft 2/2011, Wiesbaden 2011, S. 451 ff.

Ince, Matthew, Counterinsurgency Falling Short of the Comprehensive Approach in Afghanistan, in: http://smallwarsjournal.com/blog/journal/docs-temp/653-ince.pdf, S. 1; Internet vom 23.01.2011

Inspekteur des Heeres, Handlungsempfehlungen zur Aufstandsbewältigung. Handreichung für Truppenführer, Strausberg, 18. März 2013

Irwine, Matthew; **Nagl,** John, A Long War in the Shadows: The Future of U.S. Counterterrorism, in: ISPK (Hrsg.), Jahrbuch Terrorismus 2011/2012, Opladen, Berlin, Toronto 2012, S. 325 ff.

ISPK (Hrsg.), Jahrbuch Terrorismus 2010, Opladen, Berlin, Toronto 2011

ISPK (Hrsg.), Jahrbuch Terrorismus 2011/2012, Opladen, Berlin, Toronto 2012

ISPK (Hrsg.), Studie Counterinsurgency. Erfahrungen, Strategien und Aussichten unter besonderer Berücksichtigung des ressortübergreifenden Ansatzes. Abschlussbericht, Kiel 30. Januar 2013

Jäger, Thomas (Hrsg.) Handbuch Sicherheitsgefahren, Wiesbaden 2015

Jäger, Thomas (Hrsg.), Die Komplexität der Kriege, Wiesbaden 2010

Jäger, Thomas (Hrsg.), Die Welt nach 9/11. Auswirkungen des Terrorismus auf Staatenwelt und Gesellschaft, Wiesbaden 2011

Jäger, Thomas; **Beckmann,** Rasmus (Hrsg.), Handbuch Kriegstheorien, Wiesbaden 2011

Jenkins, Brian M., International Terrorism, in: Art, Robert J.; Waltz, Kenneth N. (Hrsg.), The Use of Force. Military Power and International Politics, Oxford 1999, S. 70 ff.

Jenkins, Brian Michael, The Jihadist's Operational Code, in: Aaron, David (Hrsg.), Three Years after. Next Steps in The War on Terror, Santa Monica 2005, S. 3 ff.

Jochen, Klaus Arnold, Ius in bello und Guerillakrieg, in: Die Politische Meinung, April 2011, S. 50 ff.

Joes, Anthony James, Resisting Rebellion, The History and Politics of Counterinsurgency, Lexington, Kentucky 2006

Joffe, Josef, Falsche Reflexe, in: DIE ZEIT vom 22. April 2010, S. 1

Joint Chiefs of Staff, Joint Publication 3-24, Counterinsurgency Operations, 05. October 2009, S. ix

Jungbauer, Stefan, Counterinsurgency als internationale Antiterrormission: Afghanistan, in: Sebaldt, Martin; Straßner Alexander (Hrsg.), Aufstand und Demokratie. Counterinsurgency als normative und praktische Herausforderung, Wiesbaden 2011, S. 298 ff.

Jungbauer, Stefan, Von den Klassikern zum modernen Konzept: Das „Counterinsurgency Field Manuel" der US-Streitkräfte und seine militärpolitische Bedeutung, in: Sebaldt, Martin; Straßner, Alexander (Hrsg.), Aufstand und Demokratie. Counterinsurgency als normative und praktische Herausforderung, Wiesbaden 2011, S. 147 ff.

Kasdorf, Bruno, Der Leitfaden „Aufstandsbewältigung" als Beispiel für die Entwicklung und Implementierung von Doktrin-Dokumenten im Heer, in: Schroeder, Robin; Hansen, Stefan (Hrsg.), Stabilisierungseinsätze als gesamtstaatliche Aufgabe. Erfahrungen und Lehren aus dem deutschen Afghanistaneinsatz zwischen Staatsaufbau und Aufstandsbewältigung (COIN), Baden-Baden 2015, S. 133 ff.

Keeley, Lawrence H., War before Civilisation, New York, Oxford 1996

Kempin, Ronja, Polizeiaufbau in Afghanistan – Eine Geschichte vom Ende der Beitragsfähigkeit Deutschlands, in: Möllers, Martin H.W., Ooyen, Robert Chr. van (Hrsg.), Jahrbuch Öffentliche Sicherheit 2010/2011, Zweiter Halbband, Frankfurt 2011, S. 77 ff.

Kennedy, John F., Remarks at West Point to the Graduating Class of the U.S. Military Academy am 6. Juni 1962, http://www.presidency.ucsb.edu/ws/index.php?pid=8695#axzz1zv5EXXwj; Internet vom 07.07.2012

Kessel, Eberhard (Hrsg.), Carl von Clausewitz. Strategie aus dem Jahre 1804 mit Zusätzen von 1808 und 1809, 3. Aufl. Hamburg 1943

Kilcullen, Dave, Two Schools of Classic Counterinsurgency, in: Small Wars Journal, http://smallwarsjournal.com/blog/two-schools-of-classical-counterinsurgency; Internet vom 23.10.2013

Kilcullen, David, Counterinsurgency, New York 2010

Kilcullen, David, The Accidental Guerrilla. Fighting Small Wars in the Mist of a Big One, New York 2009, S. 265

Kilcullen, David, The Twenty-Eight-Articles. Fundamentals of Company-Level Counterinsurgency, 1. Aufl., März 2006, in: http://usacac.army.mil/cac2/coin/repository/28_Articles_of_COIN-Kilcullen(Mar06).pdf, Internet vom 08. September 2010, S. 1

Killebrew, Robert, Understanding Future Irregular Warfare, in: Challenges http://www.cnas.org/files/documents/publications/CNAS_Testimony_Killebrew_FutureIrregularWarfare.pdf,; Internet vom 10.11.2012

Kissinger, Henry A., Memoiren. 1968-1973, München 1979

Kissinger, Henry A., The Vietnam Negotiations, in: Foreign Affairs, January 1969, S. 211 ff.

Klare, Michael T., die neue Counterinsurgency, in: WISK [Hrsg.], Counteirnsurgency Planning Guide, West-Berlin 1986, S. XVII ff.

Klingebiel, Stephan, Konfliktbewältigung und Umgang mit fragilen Staaten, in: APUZ 37/2013, S. 23 ff.

Kluge, Etymologisches Wörterbuch der deutschen Sprache, 3. Aufl., Berlin, New York 1999

Knoll, Thorsten, Counter-Insurgency (k)ein Aufgabenfeld für die Bundeswehr?, in: Das schwarze Barett, 2011, Heft 44, S 20 ff.

Köhle, Klaus, Problemkreis: Krieg und Frieden, München 1972

Kramer, Daniel R., Eating Soup with a Knife – Dilemmata der Aufstandsbekämpfung, in: Buciak, Sebastian (Hrsg.), Asymmetrische Konflikte im Spiegel der Zeit, Berlin 2008, S. 393 ff.

Krause, Joachim; **Jost**, Jannis, Stabilisierungseinsatz zwischen außenpolitischem Risiko und strategischer Notwendigkeit, in: Schroeder, Robin; Hansen, Stefan (Hrsg.), Stabilisierungseinsätze als gesamtstaatliche Aufgabe. Erfahrungen und Lehren aus dem deutschen Afghanistaneinsatz zwischen Staatsaufbau und Aufstandsbewältigung (COIN), Baden-Baden 2015, S. 45 ff.

Kreß, Claus; **Nolte**, Georg, Im ungleichen Krieg, in: FAZ vom 31. Dezember 2009, S. 9

Kurtenbach, Sabine; **Lock**, Peter (Hrsg.), Kriege als (Über)lebenswelten. Schattenglobalisierung, Kriegsökonomien und Inseln der Zivilität, Bonn 2004

Lambach, Dieter, Wer hat Angst vorm fragilen Staat? Und warum?, in: Jäger, Thomas (Hrsg.) Handbuch Sicherheitsgefahren, Wiesbaden 2015, S. 435 ff.;

Lamborn, G.L., The People in Arms. A Practitoner's Guide to Understanding Insurgency And dealing with effectively, o.OA, 2006

Lauenroth, Wolfgang, Spezialkräfte der Bundeswehr im Einsatz: Vom Kampf gegen den Terrorismus zur Unterstützung von einheimischen Sicherheitskräften in einer Aufstandsbekämpfung, in: Schroeder, Robin; Hansen, Stefan (Hrsg.), Stabilisierungseinsätze als gesamtstaatliche Aufgabe. Erfahrungen und Lehren aus dem deutschen Afghanistaneinsatz zwischen Staatsaufbau und Aufstandsbewältigung (COIN), Baden-Baden 2015, S. 347 ff.

Lewis, Damien, Operation Certain Death, London 2005

Lindley-French, Julian; **Boyer**, Yves (Hrsg.), The Oxford Handbook of War, Oxford 2014

Lindley-French, Julian; **Cornish** Paul; **Rathmell**, Andrew, Clear, Hold and Build: Operationalizing the Comprehensive Approach, in: Lindley-French, Julian; Boyer, Yves (Hrsg.), The Oxford Handbook of War, Oxford 2014, S. 573 ff.

Llanque, Marcus, Politische Ideengeschichte. Ein Gewebe politischer Diskurse, München, Wien 2008

Luttwak, Edward; **Koehl,** Stuard L., The Dictionary of Modern War. A Guide on the Ideas, Institutions and Weapons of Modern Military Power, New York 1991

Machiavelli, Niccolò, Der Fürst "Il Principe", 6. Aufl., Stuttgart 1978, S. 67 ff.

Machiavelli, Niccolò, Discorsi, Gedanken über Politik und Staatsführung, 2. Aufl., Stuttgart 1977

Machiavelli, Niccolò, Wie man das aufständische Chianatal behandeln sollte, in: Ulfig, Alexander, Niccolò Machiavelli, Gesammelte Werke in einem Band, Frankfurt am Main, o.JA., S. 886 ff.

Malis, Christian, Unconventional Forms of War, in: Lindley-French, Julian; Boyer, Yves (Hrsg.), The Oxford Handbook of War, Oxford 2014, S. 185 ff.

Manea, Octavian, An Interview with Colonel Alexander Alderson, http://smallwarsjournal.com/blog/journal/docs-temp/657-manea.pdf, S. 2; Internet vom 26.01.2011

Maninger, Stephan, Die Fragmentierung des Iraks und ihre sicherheitspolitischen Auswirkungen, in: ÖMZ 2015, S. 418 ff.

Maninger, Stephan, Der Schattenkrieg – Ergänzungen zur „Counterinsurgency"-Debatte, in: ÖMZ 2013, S. 301 ff.

Marm, William; **Martin,** Bryan; **O'Gwin,** Christopher; **Szody** Gabriel, **Thiel** Joshua; **Young,** Christopher; **Borer,** Douglas, Beyond FM 3-24. Readings for Counterinsurgency Commander, in: Small Wars Journal, 17 December 2010

Marston, Daniel; **Malkasian,** Carter (Hrsg.), Counterinsurgency in Modern Warfare, Oxford, New York 2008

Mathis-Moser, Ursula (Hrsg.), Resposible to Protect. Peacekeeping, Diplomacy, Media and Literature responding to Humanitarian

Challenges, Innsbruck 2012

McChrystal, Stanley A., ISAF Comander's Counterinsurgency Guidance

McNamara, Robert S., In Retrospect, The Tragedy and Lessons from Vietnam, New York 1995

Meier, Christoph, Insurgency und Counterinsurgency, in: ASMZ 2015, Heft 10, S. 246 ff.

Melnyk, George, Canada and Afghanistan: Peacemaking as Counterinsurgency Warfare – A Conflict in Terms, in: Mathis-Moser, Ursula (Hrsg.), Resposible to Protect. Peacekeeping, Diplomacy, Media and Literature responding to Humanitarian Challenges, Innsbruck 2012, S. 115 ff.

Metz, Steven; **Millen,** Raymond, Insurgency and Counterinsurgency in the 21th Century: Reconceptualising Threat and Response, SSI, November 2011

Militärgeschichtliches Forschungsamt (Hrsg.), Deutsche Militärgeschichte in sechs Bänden. 1648-1939, Bd. 6, Abschnitt IX Grundzüge der militärischen Kriegsführung 1648-1939, München 1983

Mockaitis, Thomas R., Resolving Insurgencies, SSI, June 2011

Möllers, Martin H.W., **Ooyen,** Robert Chr. van (Hrsg.), Jahrbuch Öffentliche Sicherheit 2010/2011, Zweiter Halbband, Frankfurt 2011

Möllers, Martin H.W.; **Ooyen** Robert van (Hrsg.), Jahrbuch Öffentliche Sicherheit, Frankfurt 2012

Möllers, Martin H.W.; **Ooyen** Robert Chr. van (Hrsg.), Jahrbuch Öffentliche Sicherheit 2012/2013, Frankfurt 2013

Möllers, Martin; **Ooyen,** H.W., Robert Chr. van (Hrsg.), Jahrbuch Öffentliche Sicherheit 2010/2011, Zweiter Halbband, Frankfurt 2012

Münckler, Herfried, Asymmetrische Gewalt. Terrorismus als politisch-militärische Strategie, in: Merkur 2002, S. 1 ff.

Münkler, Herfried, Machiavellis Theorie des Krieges, in: Thomas Jäger, Rasmus Beckmann (Hrsg.), Handbuch Kriegstheorien, Wiesbaden 2011, S. 169 ff.

Münkler, Herfried; **Malowitz**, Karsten (Hrsg.), Humanitäre Intervention. Ein Instrument außenpolitischer Konfliktbearbeitung. Grundlagen und Diskussion, Wiesbaden 2008

Münkler, Herfried; **Wassermann** Felix, Asymmetrische Kriege, in: Jäger, Thomas (Hrsg.) Handbuch Sicherheitsgefahren, Wiesbaden 2015, S. 409 ff.

Nachtwei, Wilfried, Selbstkritische Bilanz und dringende Lehren nach 13 Jahren deutschen Afghanistaneinsatzes, in: Schroeder, Robin; Hansen, Stefan (Hrsg.), Stabilisierungseinsätze als gesamtstaatliche Aufgabe. Erfahrungen und Lehren aus dem deutschen Afghanistaneinsatz zwischen Staatsaufbau und Aufstandsbewältigung (COIN), Baden-Baden 2015, S. 401 ff.

Nackmayr, Jörg-Dietrich, „Amerikas Pazifisches Jahrhundert". Warum der Westen 2014 nicht aus Afghanistan abziehen wird, in ÖMZ 2012, Heft 4, S. 406 ff.

Nagl, John A., „A 'Better War' in Afghanistan", in: http://www.cnas.org/files/documents/publications/CNASTestimony_Nagl_SFRC_September_16_2009.pdf, S. 4 f.; Internet vom 10.11.2012

Nagl, John A., Foreword to the University of Chicago Press Edition, in: United States Department of the Army (Hrsg.), The U.S. Army/Marine Corps Counterinsurgency Field Manual: U.S. Army Field Manual No. 3-24: Marine Corps Warfighting Publication No. 3-33.5, Chicago, London 2007, S. xiii ff.

Nagl, John A., Learning to eat Soup with a Knife. Counterinsurgency Lessons from Malaya and Vietnam, Chicago, London 2005

Nagl, John A., The Evolution of Army/Marine Corps Field Manuel 3-24, Counterinsurgency, in: Schroeder, Robin; Hansen Stefan (Hrsg.), Stabilisierungseinsätze als gesamtstaatliche Aufgabe. Erfahrungen und Lehren aus dem deutschen Afghanistaneinsatz zwischen Staatsaufbau und Aufstandsbewältigung (COIN), Baden-Baden 2015

Nagl, John; **Weitz,** Richard, Counterinsurgency and the Future of NATO, in: http://www.cnas.org/files/documents/publications/Trans-Atlantic%20Papers%201-Nagl%20Weitz_v4.pdf„ S. 1; Internet vom 10.11.2012

NATO (Hrsg.), Allied Joint Doctrine for Counterinsurgency (COIN), AJP-3.44, February 2011

Nerl, Tobias, Mission accomplished? Counterinsurgency und Regimewechsel im Irak, in: Sebaldt. Martin; Straßner Alexander (Hrsg.), Aufstand und Demokratie. Counterinsurgency als normative und praktische Herausforderung, Wiesbaden 2011, S. 271 ff.

Nester, William, Hearts, Minds and Hydras. Fighting Terrorism in Afghanistan, Pakistan, America, and Beyond – Dilemmas and Lessons, Washington, D.C., 2012

Nick-Miller, Claudine (Hrsg.), Strategisches versus humanitäres Denken: das Beispiel Afghanistan, Zürich 2009

Niebel, Dirk, Sicherheitspolitik und Entwicklungspolitik, in: Behörden Spiegel, August 2013 S. 45

NN., Vorwort, in: Heeresamt, Vorläufiger Beitrag von Landstreitkräften zur Herstellung von Sicherheit und Ordnung in Krisengebieten, Köln Juni 2010, vor S. 1

Noetzel, Timo; **Zapfe**, Martin, Aufstandsbekämpfung als Auftrag. Instrumente und Planungsstrukturen für den ISAF-Einsatz, SWP-Studie, S 13, Berlin, Mai 2008

Nohlen, Dieter (Hrsg.), Lexikon der Politik, Bd. 1, Politische Theorien, München 1995

OECD (Hrsg), Supporting Statebuilding in Situations of Conflict and Fragility, o.OA. 2011

Olson, Eric T., Some of the best Weapons for Counterinsurgency do not shoot, o.OA., o. JA, S. xii

Osanka, Franklin Mark (Hrsg.), Der Krieg aus dem Dunkel. 20 Jahre kommunistische Guerillakämpfe in aller Welt, Köln 1963

Osanka, Franklin Mark (Hrsg.), Der Krieg aus dem Dunkel. 20 Jahre kommunistische Guerillakämpfe in aller Welt, Köln 1963

Oswald, Stefan; **Toetzke,** Christine, „Counterinsurgency" (COIN) – Eine entwicklungspolitische Perspektive, in: Schroeder, Robin; Hansen Stefan (Hrsg.), Stabilisierungseinsätze als gesamtstaatliche Aufgabe. Erfahrungen und Lehren aus dem deutschen Afghanistaneinsatz zwischen Staatsaufbau und Aufstandsbewältigung (COIN), Baden-Baden 2015, S. 189 ff.

Overhaus, Marco, Michael Paul, Der Aufbau der nationalen afghanischen Sicherheitskräfte. Stand und Perspektiven der Transition nach dem Nato-Gipfel in Chicago, in: SWP-Studie S 17 Berlin August 2012

Pankratz, Thomas; **Benczur-Juris,** Tibor, Asymmetrie in der Symmetrie: Möglichkeiten und Grenzen der Kooperation von Nachrichtendiensten am Beispiel der Bekämpfung des internationalen Terrorismus im Rahmen der Europäischen Union, in: Schröfl, Josef; Pankratz, Thomas; Micewski, Edwin R., Aspekte der Asymmetrie. Reflexionen über ein gesellschafts- und sicherheitspolitisches Phänomen, Baden-Baden 2006, S. 53 ff.;

Paul, Michael, Der Aufbau der nationalen Afghanischen Sicherheitskräfte. Stand und Perspektiven der Transition nach dem NATO-Gipfel in Chicago, in: SWP-Studie S 17, Berlin 2012

Peterke, Sven, Drogenkrieg und (völkerrechtlicher) Kriegsbegriff, in: Möllers, Martin; Ooyen, H.W., Robert Chr. van (Hrsg.), Jahrbuch Öffentliche Sicherheit 2010/2011, Zweiter Halbband, Frankfurt 2013, S. 349 ff.

Petraeus, David A.; **Amos,** James A., Vorwort, in: Headquarters Department of the Army, Counterinsurgency. Aufstandsbekämpfung, Deutsche Übersetzung, Field Manual No: 3-24, Marine Corps Warfighting Publication 3-33.5, 15. Dezember

2006, vor S. i

Philipp, Münch, Strategielos in Afghanistan. Die Operationsführung der Bundeswehr innerhalb der International Security Assistance Force, SWP-Studie, S 30, Berlin November 2011

Pieper, Frank, Joachim Miller, Verbesserung der zivil-militärischen Zusammenarbeit im Einsatz, in: Europäische Sicherheit & Technik 2013, Heft 2, S. 32 ff.

Plesmann, Wolf, Deutsche Entwicklungszusammenarbeit in Afghanistan – Ein Beitrag zur Stabilisierung?, in: Schroeder, Robin; Hansen, Stefan (Hrsg.), Stabilisierungseinsätze als gesamtstaatliche Aufgabe. Erfahrungen und Lehren aus dem deutschen Afghanistaneinsatz zwischen Staatsaufbau und Aufstandsbewältigung (COIN), Baden-Baden 2015, S. 271 ff.;

Polk, William R., Aufstand. Widerstand gegen Fremdherrschaft: vom Amerikanischen Unabhängigkeitskrieg bis zum Irak, Bonn 2009

Portugall, Gerd, Materielle und immaterielle Kosten, in: Behörden Spiegel, Berlin, Bonn April 2015

Pustay, John S., Counterinsurgency Warfare, New York 1965

Rasmussen, Anders Fogh, The Taliban is hitting, but not winning, in: International Harald Tribune vom 25. Mai 2010

Rathmell, Andrew, Building Counterterrorism Strategies and Institutions, in: Aaron, David (Hrsg.), Three Years after. Next Steps in The War on Terror, Santa Monica 2005, S. 47 ff.

Record, Jeffrey, Beating Goliath. Why Insurgencies Win, Washington D.C., 2009

Rid, Thomas, Wenn Generale Politik machen, in: DIE ZEIT vom 10. April 2008

Rid, Thomas; **Hecker,** Marc, Virtueller Erfolg. Terrorismus und Aufstandsbekämpfung im 21. Jahrhundert, in: IP Juli/August 2009, S. 46 ff.

Riegel, Klaus-Georg, Modernisierungstheorien, in: Nohlen, Dieter (Hrsg.), Lexikon der Politik, Bd. 1, Politische Theorien, München 1995, S. 349 ff.

Ries, Wiebrecht, Die Philosophie der Antike, Darmstadt 2005

Risse Thomas, Begrenzte Staatlichkeit und neue Governance-Strukturen, in: Braml, Josef; Risse Thomas; Sandschneider Eberhard (Hrsg.), Einsatz für den Frieden. Sicherheit und Entwicklung in Räumen begrenzter Staatlichkeit. Jahrbuch Internationale Politik, Bd. 28, München, 2010, S. 23 ff.

Rohschürmann, Michael, Die erste Dekade des Krieges gegen den Terror. Jihadistische Ideologie und die Grundsätze der frühen Sunna, in: ISPK (Hrsg.), Jahrbuch Terrorismus 2011/2012, Opladen, Berlin, Toronto 2012, S. 389 ff.

Rojahn, Christian, Militärische Antiterroreinheiten als Antwort auf die Bedrohung des internationalen Terrorismus und Instrument nationaler Sicherheitspolitik – das Beispiel Amerika, München 2000

Rostow, Walt W., Wie man Guerillaangriffen begegnet, in: Osanka, Franklin Mark (Hrsg.), Der Krieg aus dem Dunkel. 20 Jahre kommunistische Guerillakämpfe in aller Welt, Köln 1963, S. 611 ff.

Rübenach, Stephanie, Counterinsurgency – eine asymmetrische Form des Krieges? Zur wissenschaftlichen Verortung des Gegenstands, in: Sebaldt, Martin; Straßner, Alexander (Hrsg.), Aufstand und Demokratie. Counterinsurgency als normative und praktische Herausforderung, Wiesbaden 2011, S. 61 ff.

Rücker, Helge, Die Rolle der Zivilbevölkerung in heutigen Konflikten und die spezifische Bedeutung von CIMIC in Stabilisierungsoperationen und COIN, in: Schroeder, Robin; Hansen Stefan (Hrsg.), Stabilisierungseinsätze als gesamtstaatliche Aufgabe. Erfahrungen und Lehren aus dem deutschen Afghanistaneinsatz zwischen Staatsaufbau und Aufstandsbewältigung (COIN), Baden-Baden 2015, S. 117 ff.

Rudolf, Peter, Kriegsmüdigkeit und Strategiewandel in der amerikanischen Afghanistanpolitik, in: SWP-Aktuell 43, Berlin, September 2011

Rudolf, Peter, Zivil-militärische Aufstandsbekämpfung. Analyse und Kritik der Counterinsurgency-Doktrin, SWP-Studie, S 2, Berlin, Januar 2011

Ruff-Stahl, Hans-Joachim, Human Factors im Krieg: Ist COIN eine taktische Antwort auf ein strategisches Problem?, in: Schroeder, Robin; Hansen Stefan (Hrsg.), Stabilisierungseinsätze als gesamtstaatliche Aufgabe. Erfahrungen und Lehren aus dem deutschen Afghanistaneinsatz zwischen Staatsaufbau und Aufstandsbewältigung (COIN), Baden-Baden 2015, S. 137 ff.

Schetter, Conrad; **Prinz,** Janosch, Vom „Krieg gegen den Terrorismus" zur „Aufstandsbekämpfung", in: Jäger, Thomas; Beckmann, Rasmus (Hrsg.), Handbuch Kriegstheorien, Wiesbaden 2011, S. 522 ff.

Schildgen, Henning, Wenn Clausewitz Ökonom gewesen wäre – eine Analyse von Wirtschaft als Machtinstrument von Staaten anhand des Strategiemodells von Clausewitz, AIPA 4/2010

Schlie, Ulrich, Kooperative Sicherheit: Möglichkeiten der NATO-Partnerschaftspolitik, in: ASMZ 2013, Heft 4

Schlie, Ulrich, Lehren aus dem Afghanistaneinsatz: Eine Bilanz aus deutscher Sicht, in: Schroeder, Robin; Hansen, Stefan (Hrsg.), Stabilisierungseinsätze als gesamtstaatliche Aufgabe. Erfahrungen und Lehren aus dem deutschen Afghanistaneinsatz zwischen Staatsaufbau und Aufstandsbewältigung (COIN), Baden-Baden 2015, S. 387 ff.

Schneckener, Ulrich, Frieden und fragile Staatlichkeit, in: Gießmann, Hans J.; Rinke, Bernhard, (Hrsg.), Handbuch Frieden, Wiesbaden 2011, S. 575 ff.

Schneckener, Ulrich, Internationales Statebuilding: Dilemmata und Herausforderungen für „externe" Akteure, in: Braml, Josef; Risse, Thomas; Sandschneider Eberhard (Hrsg.), Einsatz für den Frieden. Sicherheit und Entwicklung in Räumen begrenzter Staatlichkeit. Jahrbuch Internationale Politik, Bd. 28, München, 2010, S. 79 ff.

Schneiderhahn, Wolfgang, Die Bundeswehr morgen, in: Bundesakademie für Sicherheitspolitik (Hrsg.), Sicherheitspolitik in neuen Dimensionen. Ergänzungsband 2, Hamburg, Berlin, Bonn 2009, S. 533 ff.

Schössler, Dietmar, Die „Reichweite" der Clausewitzschen Kategorien bei der Analyse des modernen bewaffneten Konflikts, in:, S. 144 ff.

Schröder, Robin, Das entscheidende Jahr in Afghanistan – Zeigt die Counterinsurgency Strategie der ISAF Wirkung?, in: ISPK (Hrsg.), Jahrbuch Terrorismus 2010, Opladen, Berlin, Toronto 2011, S. 240 ff.; 246 ff.

Schroeder, Robin, Über das Zusammenwirken von Sicherheit, Wiederaufbau und Entwicklung im Zusammenhang von Stabilisierungseinsätzen, in: Schroeder, Robin; Hansen Stefan (Hrsg.), Stabilisierungseinsätze als gesamtstaatliche Aufgabe. Erfahrungen und Lehren aus dem deutschen Afghanistaneinsatz zwischen Staatsaufbau und Aufstandsbewältigung (COIN), Baden-Baden 2015, S. 65 ff.

Schroeder, Robin; **Hansen**, Stefan (Hrsg.), Stabilisierungseinsätze als gesamtstaatliche Aufgabe. Erfahrungen und Lehren aus dem deutschen Afghanistaneinsatz zwischen Staatsaufbau und Aufstandsbewältigung (COIN), Baden-Baden 2015

Schröfl, Josef; **Pankratz**, Thomas; **Micewski**, Edwin R., Aspekte der Asymmetrie. Reflexionen über ein gesellschafts- und sicherheitspolitisches Phänomen, Baden-Baden 2006

Sebaldt, Martin; **Straßner** Alexander (Hrsg.), Aufstand und Demokratie. Counterinsurgency als normative und praktische Herausforderung, Wiesbaden 2011

Seuffert, Bernhard, Max Hecker, Phillip Strauch, Goethes Werke, 42. Bd., 2. Abteilung, Weimar 1907

Sewall, Sarah, Introduction to the University of Chicago Press Edition, in: United States Department of the Army (Hrsg.), The

U.S. Army/Marine Corps Counterinsurgency Field Manual: U.S. Army Field Manual No. 3-24: Marine Corps Warfighting Publication No. 3-33.5, Chicago, London 2007, S. xxi ff.

Speckmann, Thomas, Die Asymmetrie von Täter und Opfer – Zum Verhältnis von Kombatant und Nichtkombattant in den Kriegen der Gegenwart, in: Buciak Sebastian (Hrsg.), Asymmetrische Konflikte im Spiegel der Zeit, Berlin 2008, S. 88 ff.

Spelten, Angelika, Stabilisierung durch „Friedensökonomie"?, in: Kurtenbach, Sabine; Lock, Peter (Hrsg.), Kriege als (Über)lebenswelten. Schattenglobalisierung, Kriegsökonomien und Inseln der Zivilität, Bonn 2004, S. 274 ff.

Starlinger, Thomas, The Comprehensive Approach – A Way to Operationalize It in (Post-) Conflict Scenarios, in: Mathis-Moser, Ursula (Hrsg.), Resposible to Protect. Peacekeeping, Diplomacy, Media and Literature responding to Humanitarian Challenges, Innsbruck 2012, S. 133 ff.

Steven, Graeme C. S.; **Gunaratna,** Rohan, Counterterrorism, Santa Barbara, California, 2004

Stöter, Gerald, Der Polizeiaufbau als Baustein der Reform des Sicherheitssektors, in: Schroeder, Robin; Hansen Stefan (Hrsg.), Stabilisierungseinsätze als gesamtstaatliche Aufgabe. Erfahrungen und Lehren aus dem deutschen Afghanistaneinsatz zwischen Staatsaufbau und Aufstandsbewältigung (COIN), Baden-Baden 2015, S. 287 ff.

Strachan, Hew; **Herberg-Rothe,** Andreas, Clausewitz in the Twenty-First Century, Oxford 2009,

Straßner, Alexander, Formen des Aufstands: Die typologische und empirische Vielfalt von Insurgency im historischen Längsschnitt, in: Sebald, Martin; Straßner, Alexander (Hrsg.), Aufstand und Demokratie. Counterinsurgency als normative und praktische Herausforderung, Wiesbaden 2011, S. 27 ff.

Strohn, Matthias, Von "Imperial Policing" zu "Low Intensy Operations": Britische COIN-Klassiker, in: Sebaldt, Martin; Straßner,

Alexander (Hrsg.), Aufstand und Demokratie. Counterinsurgency als normative und praktische Herausforderung, Wiesbaden 2011, S. 133 ff.

Stubbs, Richard, From Search and Destroy to Hearts and Minds. The Evolution of British Strategy in Malaya 1948-60, in: Marston, Daniel; Malkasian, Carter (Hrsg.), Counterinsurgency in Modern Warfare, Oxford, New York 2008, S. 113 ff.

Thayer, Charles W., Guerillas und Partisanen. Wesen und Methodik der irregulären Kriegführung, München 1963

Thompson, Robert, Revolutionary War in World Strategy 1945-1969, London 1970

Thompson, Sir Robert, Defeating Communist Insurgency. Experiences from Malaya and Vietnam, London 1962

Tomuschat, Christian, Internationale Terrorismusbekämpfung als Herausforderung für das Völkerrecht, in: DÖV, 2006, S. 357 ff.

Tucker, Terry, Counterinsurgency Methods and The Global War on Terror, Mustang, Oklahoma 2008

U.S. Asymmetric Warfare Group, Defense Intelligence Agency, AWG Tactical Counter-Threat Finance, o.OA, 15. March 2010

U.S. Joint Forces Command, U.S. Special Operations Command, U.S. Army Asymmetric Warfare Group (Hrsg.), Interagency Teaming to Counter Irregular Threats, o.OA., December 2009

Ucko, David S., Counterinsurgency and Its Discontents. Assessing the Value of a divisive Concept, in: SWP Research Paper, RP 6, Berlin April 2011

Ulfig, Alexander, Niccolò Machiavelli, Gesammelte Werke in einem Band, Frankfurt am Main, o.JA.

Unger, Christoph; **Mitschke,** Thomas, **Freudenberg,** Dirk (Hrsg.), Krisenmanagement – Notfallplanung – Bevölkerungsschutz. Festschrift anlässlich 60 Jahre Ausbildung im Bevölkerungsschutz dargebracht von Partnern, Freunden und Mitarbeitern des Bundesamtes für Bevölkerungsschutz und Katastrophenhilfe Berlin 2013

United States Department of the Army (Hrsg.), The U.S. Army/Marine Corps Counterinsurgency Field Manual: U.S. Army Field Manual No. 3-24: Marine Corps Warfighting Publication No. 3-33.5, Chicago, London 2007

United States Department of the Army (Hrsg.), The U.S. Army/Marine Corps Counterinsurgency Field Manual: U.S. Army Field Manual No. 3-24: Marine Corps Warfighting Publication No. 3-33.5, Chicago, London 2007

US-Government, Counterinsurgency Guide, 13. Januar 2009

Vad, Erich, Asymmetrischer Krieg als Mittel der Politik, in: Jäger, Thomas; Beckmann, Rasmus (Hrsg.), Kriegstheorien, Wiesbaden 2011, S. 586 ff.

Vego, Milan, Feldzugsplanung zur Counterinsurgency, in: ÖMZ 2008, S. 151 ff.

Voßkuhle, Andreas; **Bumke,** Christian; **Meinel,** Florian (Hrsg.), Verabschiedung und Wiederentdeckung des Staates im Spannungsfeld der Disziplinen, Berlin 2013

Warnecke, Dieter, Kommandeur in Afghanistan 2007/2008 – Erfahrungen eines Truppenführers, in: Nick-Miller, Claudine (Hrsg.), Strategisches versus humanitäres Denken: das Beispiel Afghanistan, Zürich 2009, S. 213 ff.

Wätzel, Florian, Befähigung und Reform lokaler Sicherheitskräfte als strategische Notwendigkeit, in: Schroeder, Robin; Hansen, Stefan (Hrsg.), Stabilisierungseinsätze als gesamtstaatliche Aufgabe. Erfahrungen und Lehren aus dem deutschen Afghanistaneinsatz zwischen Staatsaufbau und Aufstandsbewältigung (COIN), Baden-Baden 2015, S. 149 ff.

Westerwelle, Guido, Vorwort, in: Braml, Josef; Risse, Thomas; Sandschneider, Eberhard (Hrsg.), Einsatz für den Frieden. Sicherheit und Entwicklung in Räumen begrenzter Staatlichkeit.

Jahrbuch Internationale Politik, Bd. 28, München, 2010, S. 1 ff.

Wijk, Rob de, Hybrid Conflict and the changing Nature of Actors, in: Lindley-French, Julian; Boyer, Yves (Hrsg.), The Oxford Handbook of War, Oxford 2014, S. 358 ff.

Wilson, Stephanie, Issues in Developing a New U.S. Counterinsurgency Doctrine Field Manual FM 3-24 MCRP, in: Buciak, Sebastian (Hrsg.), Asymmetrische Konflikte im Spiegel der Zeit, Berlin 2008, S. 537 ff.

Wilson, Stephanie, No better friend, No Worse Enemy – First Do no Harm, Maxime and Probleme der Petraeus Doktrin' in: ISUK (Hrsg.), Jahrbuch Terrorismus 2007/2008, Opladen, Farmington Hills, 2008, S. 197 ff.

Wissen Verlag, Fremdwörterlexikon, Herrsching 1991

Zorn, Rudolf (Hrsg.), Niccolò Machiavelli, Discorsi, Gedanken über Politik und Staatsführung, 2. Aufl., Stuttgart 1977

Zorn, Rudolf, Das Leben Machiavellis, in: Zorn, Rudolf (Hrsg.), Niccolò Machiavelli, Discorsi, Gedanken über Politik und Staatsführung, 2. Aufl., Stuttgart 1977, S. XVII ff.

Zürcher, Christoph, Der verhandelte Frieden: Interventionskultur und Interaktion in Nachkriegsgesellschaften, in: Bonacker, Thorsten; Daxner, Michael; Fee, Jan H.; Zürcher Christoph (Hrsg.), Interventionskultur. Zur Soziologie von Interventionsgesellschaften, Wiesbaden 2010, S. 19 ff.

Zürn, Michael, Der souveräne Staat als regulative Idee, in: Voßkuhle, Andreas; Bumke, Christian; Meinel, Florian (Hrsg.), Verabschiedung und Wiederentdeckung des Staates im Spannungsfeld der Disziplinen, Berlin 2013, S. 187 ff.

Zwick, Sascha, Zum Primat der Politik in den Lehren Carl von Clausewitz, in: Clausewitz-Gesellschaft (Hrsg.), Jahrbuch 2011, Hamburg 2011, S. 59 ff.

Zum Autor:

Dr. Dirk Freudenberg, geb. 1964, Oberstleutnant d. Res., Fallschirmjägertruppe; Beteiligung an mehreren Auslandseinsätzen der Bundeswehr; Auslandseinsatz in Abordnung zur Bundespolizei (GPPT) zur Beratung/Ausbildung des afghanischen stv. Innenministers und der Abteilung „Strategy and Policy"; Studium der Politikwissenschaft, Öffentliches Recht, Didaktik der Sozialkunde/Politische Bildung in Würzburg; Promotion in den Staats- und Sozialwissenschaften an der Universität der Bundeswehr München ("Militärische Führungsphilosophien und Führungskonzeptionen ausgewählter Nato- und WEU-Staaten im Vergleich"; Veröffentlichung in 2005); 2000 Senior Consultant und Operationsmanager in einer Unternehmungsberatung für Krisen- und Sicherheitsmanagement; 2002 Dozent an der Akademie für Krisenmanagement, Notfallplanung und Zivilschutz (AKNZ) im Bundesamt für Bevölkerungsschutz und Katastrophenhilfe (BBK) im Fachbereich für nationales und Internationales Krisenmanagement; seit 10/2003 Dozent im Fachbereich Sicherheitspolitik; daneben bis 04/2006 Leiter des Akademiestabes AKNZ. Von 10/2006 bis 05/2007 kommissarische Leitung des Fachbereiches „Sicherheitspolitik, Grundlagen, Koordination". Seit 09/2007 Dozent im Lehrbereich „Strategische Führung und Leitung, Notfallvorsorge und -planung, Pädagogische Grundlagen und Qualitätsmanagement". Von 11/2010 bis 02/2011 kommissarische Leitung des Lehrbereichs. Teilnahme am Manfred-Wörner-Seminar. Teilnahme am Seminar „Sicherheitspolitik" an der Bundesakademie für Sicherheitspolitik (BAKS). Lehraufträge an verschiedenen Universitäten und Hochschulen. Zahlreiche sicherheitspolitische und militärwissenschaftliche Veröffentlichungen sowie Publikationen im den Themenbereichen Bevölkerungsschutz, Krisenmanagement und Unternehmenssicherheit.

Carola Hartmann Miles-Verlag

Politik, Gesellschaft, Militär

Uwe Hartmann, *Innere Führung. Erfolge und Defizite der Führungsphilosophie für die Bundeswehr,* Berlin 2007.

Hans Joachim Reeb, *Sicherheitskultur als kommunikative und pädagogische Herausforderung – Der Umgang in Politik, Medien und Gesellschaft,* Berlin 2011.

Hans-Christian Beck, Christian Singer (Hrsg.), *Entscheiden – Führen – Verantworten. Soldatsein im 21. Jahrhundert,* Berlin 2011.

Eberhard Birk, Winfried Heinemann, Sven Lange (Hrsg.), *Tradition für die Bundeswehr. Neue Aspekte einer alten Debatte,* Berlin 2012.

Angelika Dörfler-Dierken, *Führung in der Bundeswehr,* Berlin 2013.

Cornelia Fedtke, Kai-Uwe Hellmann, Jan Hörmann, *Migration und Militär. Zur Integration deutscher Soldaten mit Migrationshintergrund in der Bundeswehr,* Berlin 2013.

Wolf Graf von Baudissin, *Grundwert Frieden in Politik – Strategie – Führung von Streitkräften,* hrsg. von Claus von Rosen, Berlin 2014.

Wolf Graf von Baudissin, *Der Widerstand. „... um nie wieder in die ausweglose Lage zu geraten...",* hrsg. von Claus von Rosen, Berlin 2014.

Marcel Bohnert, Lukas J. Reitstetter (Hrsg.), *Armee im Aufbruch. Zur Gedankenwelt junger Offiziere in den Kampftruppen der Bundeswehr,* Berlin 2014.

Arjan Kozica, Kai Prüter, Hannes Wendroth (Hrsg.), *Unternehmen Bundeswehr? Theorie und Praxis (militärischer) Führung,* Berlin 2014.

Angelika Dörfler-Dierken, Robert Kramer, *Innere Führung in Zahlen. Streitkräftebefragung 2013,* Berlin 2014.

Eberhard Birk, Heiner Möllers (Hrsg.), *Luftwaffe und Luftkrieg,* Berlin 2015.

Phil C. Langer, Gerhard Kümmel (Hrsg.), *„Wir sind Bundeswehr." Wie viel Vielfalt benötigen/vertragen die Streitkräfte?,* Berlin 2015.

Jahrbuch Innere Führung

Uwe Hartmann, Claus von Rosen, Christian Walther (Hrsg.), *Jahrbuch Innere Führung 2009. Die Rückkehr des Soldatischen,* Eschede 2009.

Helmut R. Hammerich, Uwe Hartmann, Claus von Rosen (Hrsg.), *Jahrbuch Innere Führung 2010. Die Grenzen des Militärischen* lin 2010.

Uwe Hartmann, Claus von Rosen, Christian Walther (Hrsg.), *Jahrbuch Innere Führung 2011. Ethik als geistige Rüstung für Soldaten,* Berlin 2011.

Uwe Hartmann, Claus von Rosen, Christian Walther (Hrsg.), *Jahrbuch Innere Führung 2012. Der Soldatenberuf zwischen gesellschaftlicher Integration und suis generis-Ansprüchen,* Berlin 2012.

Uwe Hartmann, Claus von Rosen (Hrsg.), *Jahrbuch Innere Führung 2013. Wissenschaften und ihre Relevanz für die Bundeswehr als Armee im Einsatz,* Berlin 2013.

Uwe Hartmann, Claus von Rosen (Hrsg.), *Jahrbuch Innere Führung 2014. Drohnen, Roboter und Cyborgs – Der Soldat im Angesicht neuer Militärtechnologien,* Berlin 2014.

Uwe Hartmann, Claus von Rosen (Hrsg.), *Jahrbuch Innere Führung 2015. Neue Denkwege angesichts der Gleichzeitigkeit unterschiedlicher Krisen, Konflikte und Kriege,* Berlin 2015.

Einsatzerfahrungen

Kay Kuhlen, *Um des lieben Friedens willen. Als Peacekeeper im Kosovo,* Eschede 2009.

Sascha Brinkmann, Joachim Hoppe (Hrsg.), *Generation Einsatz, Fallschirmjäger berichten ihre Erfahrungen aus Afghanistan,* Berlin 2010.

Artur Schwitalla, *Afghanistan, jetzt weiß ich erst… Gedanken aus meiner Zeit als Kommandeur des Provincial Reconstruction Team FEYZABAD,* Berlin 2010.

Uwe Hartmann, *War without Fighting? The Reintegration of Former Combatants in Afghanistan seen through the Lens of Strategic Thought,* Berlin 2014.

Rainer Buske, *KUNDUZ. Ein Erlebnisbericht über einen militärischen Einsatz der Bundeswehr in AFGHANISTAN im Jahre 2008,* Berlin 2015.

Standpunkte und Orientierungen

Daniel Giese, *Militärische Führung im Internetzeitalter – Die Bedeutung von Strategischer Kommunikation und Social Media für Entscheidungsprozesse, Organisationsstrukturen und Führerausbildung in der Bundeswehr,* Berlin 2014.

Dirk Freudenberg, *Auftragstaktik und Innere Führung. Feststellungen und Anmerkungen zur Frage nach Bedeutung und Verhältnis des inneren Gefüges und der Auftragstaktik unter den Bedingungen des Einsatzes der Deutschen Bundeswehr,* Berlin 2014.

Uwe Hartmann (Hrsg.), *Lernen von Afghanistan. Innovative Mittel und Wege für Auslandseinsätze,* Berlin 2015.

Fouzieh Melanie Alamir, *Vernetzte Sicherheit – Quo Vadis?,* Berlin 2015.

Hartmut von Schubert, *Integrative Militärethik. Ethische Urteilsbildung in der militärischen Führung,* Berlin 2015.

Uwe Hartmann, *Hybrider Krieg als neue Bedrohung von Freiheit und Frieden. Zur Relevanz der Inneren Führung in Politik, Gesellschaft und Streitkräften,* Berlin 2015.

Klaus Beckmann, *Treue.Bürgermut.Ungehorsam. Anstöße zur Führungskultur und zum beruflichen Selbstverständnis in der Bundeswehr,* Berlin 2015.

Erinnerungen

Blue Braun, *Erinnerungen an die Marine 1956–1996,* Berlin 2012.

Harald Volkmar Schlieder, *Kommando zurück!,* Berlin 2012.

Reinhart Lunderstädt, *Aus dem Leben eines Hochschullehrers. Persönlicher Bericht,* Berlin 2012.

Wulf Beeck, *Mit Überschall durch den Kalten Krieg. Mein Leben für die Marine,* Berlin 2013.

Jan Becker, *Aufgewühltes Wasser,* 3 Bde., Berlin 2014.

Klaus Grot, *So war's, damals. Dienstchronik eines Pionieroffiziers im Kalten Krieg 1954–1991,* Berlin 2014.

Gustav Lünenborg, *Bürger und Soldat. Innere Führung hautnah 1956–1993, 1993–2015,* Berlin 2015.

Monterey Studies

Donald Abenheim, *Soldier and Politics Transformed,* Berlin 2007.

Michael G. Lux, *Innere Führung – A Superior Concept of Leadership?,* Berlin 2009.

Ingo Wittmann, *Auftragstaktik,* Berlin 2012.

Michael Hanisch, *On German Foreign und Security Policy. Determinants of German Military Engagement in Africa since 2011,* Berlin 2015.

Romane

Christoph Karich, *Bewährung im Grünen Meer,* Berlin 2009.

Robert B. Thiele, *Die Treuhänderin,* Berlin 2012 (als Taschenbuch 2013 erschienen mit dem Titel "Der General").

B. Canth, *Bleckwedel und die Schwester des Mädchens, das unter der Planierraupe starb,* Berlin 2015.

www.miles-verlag.jimdo.com